Pilar García Gil

EL PODER DE
LA ASTROLOGÍA

HISPANO
EUROPEA

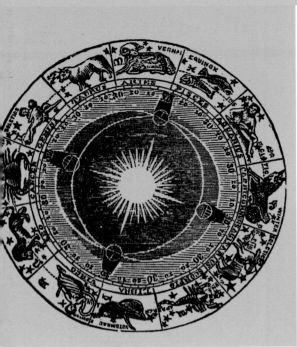

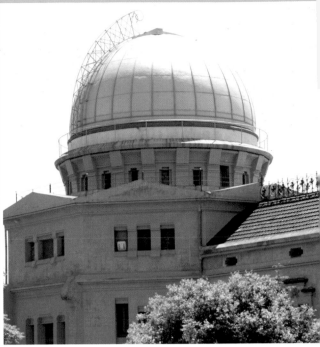

Prólogo

Un encuentro estelar

Hay que conocer un poco a Pilar García, «Pili», para entender en toda su profundidad y significado el acto de generosidad que significa querer escribir y publicar un libro de divulgación astrológica. Pili lo daría todo por la astrología. Claro que, en cierta forma, ya lo ha hecho. Tuve la suerte de conocerla ni más ni menos que en la bulliciosa ciudad de Nueva Delhi, justo en el momento en que Pili se había lanzado –en solitario–, hacia el abismo insondable de su pasión como astróloga. Nuestro encuentro surgió cuando yo buscaba españoles por el mundo para un programa de televisión que presentaba Javier Sardá; para el capítulo sobre la India surgió de repente la posibilidad de entrevistar a una tal Pilar García, personaje vital, entusiasta y cautivador, que había dejado su trabajo en *La Vanguardia* para dedicarse de pleno a la astrología. ¿No era eso sorprendente? Pilar García se había liado la manta a la cabeza y había decidido estudiar *in situ* las tremendas posibilidades de combinar el sistema astrológico occidental con el sistema Nadi indio, un trabajo inédito, totalmente fascinante.

La vida en Delhi, tercera ciudad más poblada del planeta, no es fácil. Pili vivía sola, feliz, sin ningún tipo de lujo, en la planta baja de un edificio de apartamentos. En pocas semanas, se había adaptado de forma asombrosa a la calma estresante, al sosiego más puramente impenetrable y oriental de los indios. Pero el trabajo fue un éxito. Desde mi escepticismo más absoluto, y el poder que le otorgaba el hecho de haber arriesgado fuerte por una decisión profesional tan original, ante mi sorpresa, Pili empezó a desplegar sus conocimientos astrológicos, y en poco menos de una hora, no solo había desgranado y estirado los repliegues de mi vida sino penetrado en episodios y rincones biográficos francamente íntimos de mi existencia. El encuentro fue irrepetible, estelar.

El profundo conocimiento de los astros, su influencia, el complejo estudio de los signos, sus ascendentes, el sacrificio y la apuesta vital de Pilar García en pro del insondable y misterioso mapa zodiacal le habían permitido ahondar en el conocimiento del alma humana sirviéndose de la ciencia más antigua del mundo: la astrología. Pero, sobre todo, Pili poseía el arte de la palabra: saber comunicar, trasmitir de forma cercana y personal lo que veía y le comunicaban las referencias, cruces y ascendencias que le marcaba la carta astral. Un espectáculo de combinaciones, dudas, preguntas, certezas, posibilidades que me dejaron completamente fascinado. ¿Cómo sabía Pili que yo me hallaba a las puertas de una separación? ¿De qué forma adivinó ella o le susurraron los astros que pronto se empezarían a publicar mis libros? Lo único que sé es que, sin darme cuenta, tenía astróloga. Yo, que me había parecido una ridiculez –y hasta un peligro–, que el mismísimo Ronald Reagan se hubiese servido en sus días de la información sistemática y periódica de un astrólogo para tomar decisiones de gran calado, pues resultaba que ahora tenía astróloga. Y no alguien cualquiera.

Aún había más. Sin darme cuenta, había entrado también a formar parte de un archivo magnífico, de una red privilegiada que me convertía en objeto de estudio astrológico: de forma agradable,

amistosa, sutil, puntualmente, Pili, siempre dispuesta y apasionada de su ciencia, de su pequeño gran universo de constelaciones y estrellas, te mandaba un mensaje personal e intransferible: «Cuidado, no firmes ningún papel, que entramos en Géminis»; o bien: «aprovecha estos días para llegar a acuerdos importantes, ya que Júpiter está en trígono con Mercurio».

Poco a poco, Pili se convirtió igualmente en una amiga, en una persona imprescindible, sin la cual no puedes ni quieres pasar. Compartir sus progresos, inquietudes y descubrimientos astrológicos, un auténtico privilegio..., un complemento, un añadido sin el cual la vida no sería igual de rica, fructífera, predictiva. Sea como sea, algo mágico a la vez que impredecible, sustancioso y fundamental se mueve a lo largo de estas páginas, algo que aún desconocemos y nos hace más sabios, más abiertos, más verdaderos. Se trata de pequeñas señales, que, al igual que el libro que el lector tiene en sus manos, dan, en toda su pequeña enormidad, un sentido más pleno a nuestra vida.

Al fin y al cabo, la astrología es la ciencia más antigua de la humanidad. De una forma u otra, deberíamos aprender y tratar de dominarla, al menos de forma mínima y habitual, de la misma manera en que uno consulta el tiempo que va a hacer el fin de semana. Pili no les va a traicionar. Es una buena amiga y mejor astróloga. Ya es hora de dejarse llevar por el universo astral de este viaje iniciático. Pili, como las estrellas, nunca les va a decepcionar; está ahí para brillar.

Genís Sinca
Periodista y escritor

Introducción

Mi intención al escribir este libro es transmitir a los lectores que pueden disfrutar más y mejor de la vida si tienen un cierto conocimiento astrológico. La interpretación de la carta natal, que es la de nuestro nacimiento, nos permite reconocernos, aceptarnos y transformar todo aquello que nos impide seguir creciendo plenamente como personas. El conocimiento astrológico nos regala una vida llena de retos gratificantes al ayudarnos a detectar cuáles son nuestros talentos y cuáles nuestras dificultades.

En la personalidad de cada uno de nosotros conviven talentos (puntos fuertes) y dificultades (puntos débiles). Pero a veces –demasiadas– las personas no consiguen reconocer sus talentos y se quedan ancladas en las dificultades, que suelen ir acompañadas de sentimientos de culpa («si hubiera hecho o dicho tal cosa»), baja autoestima («no soy capaz de...») o un exceso de responsabilidades («tengo que hacerlo»). Poner luz a nuestra vida, a nuestro propio mapa, localizando nuestros talentos y dificultades sin estar sometidos a ningún tipo de protocolo o creencia basados en nuestra cultura, país, religión, educación o familia es lo que vamos a hacer en este libro usando la astrología como herramienta.

«La astrología es una ciencia y contiene el conocimiento que nos ilumina –decía el científico Albert Einstein–. Me enseñó mucho y le debo mucho. Las pruebas geofísicas descubren el poder de las estrellas y los planetas en relación a la Tierra. A cambio, la astrología lo confirma. Por eso la astrología es un elixir de la humanidad».

En mi caso, descubrí este elixir en 1986, cuando empecé a estudiar astrología de forma autodidacta primero, más académicamente después, y descubrí que era una guía para vivir plenamente la vida. Unos años más tarde, en el 2002, dejé mi trabajo fijo en *La Vanguardia* después de 29 años, y me dediqué profesionalmente a lo que es la pasión de mi vida: aportar luz a otras personas mediante el enfoque astrológico. Amplié estudios en Nueva Delhi (India), donde viví durante dos años, participé en congresos, traduje un libro de astrología Nadi al español, coescribí otro...

En fin, la astrología, y su interpretación como vía de ayuda a las personas, era ya el motor de mi vida. A mis clientes les digo que soy la traductora de sus planetas y que les guío a través de su mapa astral.

Me siento persona, astróloga, viajera, guía..., y espero que muchas cosas más según vaya creciendo con más conciencia. Mi frase es que aún no sé qué seré de mayor, porque siento que a medida que vaya entendiendo todos mis planetas, que es lo mismo que conocer todas las energías que hay en mí, iré creciendo y expandiéndome. Esta creencia es la que te quiero transmitir también a ti, que lees este libro.

Según el científico estadounidense Benjamin Franklin, «la astrología es la ciencia más vieja, respetada en el pasado por los grandes y sabios. Ningún rey ha hecho la paz ni la guerra, ningún general ha ganado una batalla, en resumen, ninguna decisión importante se ha hecho sin consultar al astrólogo». No le falta razón.

Durante estos años he guiado a muchas personas, de profesiones muy diversas, desde amas de casa hasta políticos. Algunas de ellas con mucho trabajo personal ya integrado y, aun así, siempre se han visto gratamente sorprendidas, sobre todo porque han descubierto talentos de los que no eran conscientes. O porque han encontrado la luz que les ha ayudado a tomar una decisión importante en sus vidas, desde si es el momento más adecuado para traer un hijo al mundo o abrir un negocio hasta si es recomendable la compra de un piso, unas acciones o un coche.

Me siento especialmente orgullosa de las cartas astrales de los bebés y de los comentarios que me hacen llegar sus padres en el sentido de que, a medida que sus hijos van creciendo, siguen encontrando ayuda en la lectura de la carta, por muchos años que hayan pasado desde que la interpreté.

«Nacemos a cierta hora, en cierto lugar –decía el psiquiatra suizo C. G. Jung–, y, como el vino de un buen año, nosotros llevamos la calidad de ese año y la temporada adentro. Eso es lo que aduce la astrología, nada más, nada menos».

¿Pero cómo llegar a este conocimiento? Te propongo emprender un viaje, en el que nos acompañarán un grupo de amigos que responden a los nombres de Aries, Tauro, Géminis, Cáncer, Leo, Virgo, Libra, Escorpio, Sagitario, Capricornio, Acuario y Piscis. Son los doce signos zodiacales, que acabaremos conociendo bien al final del trayecto.

Durante el viaje, cada uno de los personajes disfrutará (Sol), se emocionará (Luna), comunicará (Mercurio), se relacionará (Venus), actuará (Marte), filosofará (Júpiter), se posicionará (Saturno), se independizará (Urano), se transformará (Plutón) y soñará (Neptuno). Ya han aparecido los planetas que, en cierto modo, también viajarán con nosotros ya que son ellos los que rigen cualquier acción que emprendamos.

Los lugares en los que las personas actuamos, es decir, las áreas en donde realizamos una acción, cualquiera que sea, son las casas astrológicas: la oficina, el hogar, el gimnasio, el restaurante o una fiesta.

Con toda la información que nos van facilitando los signos zodiacales, planetas y casas, y alguna más, como la que se extrae de las relaciones (energías) que se establecen entre los distintos planetas –como dice la astrología india, unos son amigos y se ayudan, mientras que otros son enemigos y se pelean–, construiremos nuestro mapa natal y podremos empezar a usar nuestra carta para nuestro propio beneficio, la meta de nuestro viaje. Es casi como tener los dioses a nuestro favor.

Empecemos ya el camino, etapa a etapa (capítulo a capítulo) para saber cómo son, qué piensan, qué hacen cada uno de los doce signos en las diferentes casas, cómo influyen los planetas y los elementos y cómo interactúan, y, sobre todo, cómo puedes usar estos datos para conocerte mejor a ti mismo y a quienes te rodean. En los comentarios que hay al final de cada capítulo encontrarás pistas para ello.

Espero que disfrutes del viaje y, sobre todo, que te diviertas aprendiendo qué es una carta astral, qué significa y cómo puedes usarla para mejorar.

Pilar García Gil

INTRODUCCIÓN A LA ASTROLOGÍA. LA CARTA ASTRAL

Breve historia de la astrología

En el principio de los tiempos el hombre miraba al cielo viendo todos los fenómenos que ocurrían: la salida o la puesta del sol, la lluvia y los eclipses, sin entender bien lo que sucedía, e incluso se sentían amenazados y temerosos ante estos fenómenos, que les afectaban en su vida cotidiana pero eran incomprensibles para ellos. Pero pronto el ser humano empezó a observar los astros de un modo más sistemático y descubrió que existían ciclos celestes, y que estos influían en lo que sucedía en la Tierra: en el cambio de las estaciones, el éxito de las cosechas o la migración de los animales.

Fijar los orígenes de la Astrología como tal (estudio de los astros y su relación con los seres humanos) es una misión casi imposible, especialmente porque durante muchísimos siglos estuvo unida a la Astronomía (estudio de los astros y de las leyes de sus movimientos). De hecho, se las consideró una misma ciencia hasta después del Renacimiento, cuando se produjo la división formal entre ambas disciplinas aunque, en cierto modo, una y otra siguen conectadas ya que la astronomía utiliza conceptos y símbolos heredados de la astrología, y esta, a su vez, precisa de las leyes y los cálculos matemáticos de los astrónomos.

Además, la astrología se desarrolló en civilizaciones distintas a la vez de modo independiente, dando lugar a diferentes variedades, como en India, China y los mayas de América del Norte y Central. Abarcarlo todo es imposible aquí, así que os propongo un breve viaje por la historia de la astrología occidental, deteniéndonos en los pensadores más relevantes.

Los primeros datos que se tienen de una observación consciente y regulada de numerosos fenómenos celestes, como la salida y puesta del Sol, de la Luna y de Venus, remiten a los babilonios (siglos XVIII al VI antes de Cristo), a quienes se les atribuye el nacimiento de la astrología. A estos sabios caldeos, que supieron trazar cartogramas de las órbitas de las dos luminarias (Sol y Luna) y precisar la posición fija de algunas estrellas, les debemos la división del Zodíaco en doce partes iguales de treinta grados cada una que, desde entonces, conservan los nombres de las mismas constelaciones que corresponden a los doce signos zodiacales.

Pero la astrología no solo se practicaba por aquel entonces en Mesopotamia, sino también en Egipto, y hay quienes consideran que fueron los sacerdotes egipcios los que descubrieron las constelaciones y trasmitieron este conocimiento a los caldeos.

De hecho, antes del 2500 a. C., los egipcios observaron que el ciclo del Sol era de 365 días y que concordaba con el de las estaciones. Como la crecida del Nilo era importantísima para esta civilización, ya que de ella dependía la fertilización de la tierra, observaron que esta se producía cuando la estrella Sothis (nuestro Sirio) se veía de nuevo en el cielo, tras un periodo de invisibilidad, antes de la salida del Sol. Construyeron un calendario basado en este ciclo y determinaron que las estrellas realizaban un giro completo en aproximadamente unos 365 días. Otra prueba de los avanzados conocimientos de los egipcios es la asombrosa exactitud con la que orientaban las pirámides hacia los cuatro puntos cardinales.

En cualquier caso, es en Oriente Medio donde la astrología adquiere su esplendor. En las tierras de Mesopotamia se construyeron observatorios situados en torres de 80 metros de altura llamadas *zigurat*, que significa montaña cósmica, que tenían siete terrazas a distintos niveles para representar a los siete planetas conocidos en aquel momento: Luna, Sol, Mercurio, Venus, Marte, Júpiter y Saturno (el Sol y la Luna son considerados planetas por la astrología, también hoy en día). En estos lugares estudiaban todos los movimientos de los planetas y las relaciones entre ellos y configuraron los símbolos que se utilizarían a partir de ese momento para representarlos. Entre otros descubrimientos, vieron cómo la Luna afecta a las mareas, las cosechas, los partos..., un hecho conocido y aceptado actualmente.

Durante casi tres milenios, los sabios del mundo asirio-babilónico usaron estos conocimientos astrológicos para adivinar el futuro de un modo impersonal, colectivo, únicamente en referencia al pueblo en su conjunto, pero no al individuo.

El paso del plano impersonal al personal se produce durante la civilización griega, cuando la idea tradicional de la correspondencia entre cielo y tierra se complementa con la del hombre-cosmos. Pitágoras (582-507 a. C.) fue el primero en llamar *Cosmos* a todo lo que existe y en afirmar que había una relación recíproca de efectos entre este y el hombre. Platón (427-347 a. C.) añadió que el físico del hombre era una reproducción de los modelos celestes. Basándose en las ideas de estos y otros pensadores, en el siglo II a. C. Hiparco fijó una serie de correspondencias entre cada órgano del cuerpo humano y las constelaciones zodiacales, sistema que sigue vigente hoy en día. Estos descubrimientos propiciaron que en esta época se levantaran los primeros mapas natales destinados a desvelar el porvenir de cada individuo.

Gracias al perfeccionamiento de los métodos utilizados, a los nuevos descubrimientos y al alejamiento de los mitos y ritos religiosos, la astrología adopta cada vez más el carácter de una ciencia y sus ideas serán aprovechadas por los hebreos, que las introducirán en la Cábala, y también por los árabes, que pocos siglos más tarde se convertirán en el pueblo de los astrólogos por excelencia.

Sin embargo fue un egipcio, Claudio Ptolomeo (nacido alrededor del año 100), quien compiló en Alejandría el saber astronómico en los trece tomos del *Almagesto*, y quien reunió las teorías astrológicas conocidas hasta entonces en Babilonia, Egipto y Grecia en el *Tetrabiblon*, considerado el primer tratado científico de astrología publicado en Occidente, y en el que reafirma la importancia del horóscopo individual y sugiere varias formas de interpretarlo.

Otra pensadora que, igual que Ptolomeo, mantuvo viva la tradición astronómica y astrológica griega en Alejandría en los primeros siglos de la era cristiana fue Hipatia, discípula de Platón, considerada la primera científica y filósofa de Occidente.

A esta gloriosa época de esplendor astrológico le sigue otra de oscurantismo. Durante la Edad Media la astrología, igual que el resto de las ciencias y las artes, sufrió un estancamiento. Fue el imperio islámico quien contribuyó de un modo decisivo a su recuperación y desarrollo, tanto por las aportaciones de sabios árabes como por la recopilación que realizaron de la sabiduría antigua y las traducciones de los libros recuperados tras la destrucción de la Biblioteca de Alejandría, entre ellos el *Tetrabiblon*.

El Renacimiento (siglos XV y XVI) fue una época de grandes cambios espirituales, que transformaron el modo de concebir la relación hombre y cosmos: se sustituyó el sistema geocéntrico de Ptolomeo por el heliocéntrico de Copérnico (1472-1543) y

Colón descubrió América (1492), por lo que el interés recayó más en explorar lo que había en la tierra que en conocer lo que pasaba en el cielo. Pero algunos hombres no abandonaron las antiguas ideas cosmológicas. Uno de ellos fue Leonardo da Vinci (1452-1519), quien estudiando los tratados de Ptolomeo estaba convencido de que el hombre se componía de los mismos cuatro elementos que el cuerpo celeste donde habitaba: tierra, agua, aire y fuego, los que, a su vez, determinaban su variable temperamento.

Siguiendo a Ptolomeo, que había descrito el cielo dividido en doce provincias, Leonardo se propuso reproducir la cosmografía del «pequeño mundo» en doce figuras, conforme al concepto de que los cuatro elementos contienen en potencia todas las posibilidades de la naturaleza y la existencia humana, y para ello se fijó en el episodio de la última cena de Jesucristo, según explica Nicola Sementovsky-Kirilo, en su *Astrología. Tratado completo teórico y práctico*. En su cuadro *La cena*, Leonardo

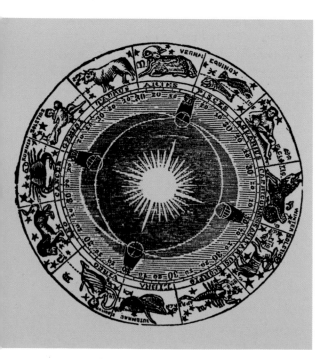

dividió a los apóstoles en cuatro grupos de tres figuras dispuestos a lo largo de la mesa, dos a dos a los lados de Jesús, que dominando el centro representa al Sol, mientras que cada uno de los doce discípulos –considerados aisladamente– representa un tipo fundamental del género humano en analogía con uno de los doce signos del Zodíaco. Al apóstol Simón, sentado a la derecha en el extremo de la mesa, se le atribuye el primer signo del Zodíaco, o sea, el de Aries; a Tadeo, segunda figura del mismo grupo, el de Tauro; a Mateo, el tercero a la derecha, el de Géminis, y así todos siguiendo el orden del Zodíaco.

La autoridad de los astrólogos aumentó sensiblemente en el siglo XVI. Muchos papas de la época, reyes, príncipes y hombres de Estado recurrían a los consejos de los astrólogos y consultaban las estrellas antes de tomar cualquier decisión importante. Grandes estudiosos de la época eran también reconocidos astrólogos, como Galileo Galilei (1564-1642), que logró reunir un número considerable de mapas natales de personalidades influyentes. O Johannes Kepler (1571-1630), que concibió el universo como una sinfonía armónica de vibraciones y ritmos, y consideró la astrología como una ciencia en sus premisas fundamentales debido a los descubrimientos de la astronomía y como un arte en su aplicación práctica que exige una aguda sensibilidad en el astrólogo, una cierta intuición psicológica.

La astrología en este periodo, como en cualquier otro, se ve influenciada por el pensamiento religioso, filosófico y científico de la época. El antitradicionalismo provocado por la Iluminación, el triunfo del materialismo y el progreso creciente de las ciencias naturales propiciaron una dispersión de las ideas cosmológicas y un cierto ocultamiento de la práctica astrológica.

Con la llegada del Romanticismo la situación cambia, al menos durante un tiempo. Uno de sus fundadores, Johan Wolfgang Goethe (1749-1832), además de ser un excelente poeta y dramaturgo, creía firmemente en la astrología y muchas de sus obras, además de aludir al papel que tienen las fuerzas cósmicas en la vida humana, contienen ideas astrológicas, como es el caso del primer capítulo de su libro autobiográfico *Poesía y Verdad*, donde escribe: «Yo vine al mundo en Francfort-sur-le-Main, el 28 de agosto de 1749, durante la 12.ª campanada del mediodía. La constelación era propicia, el Sol se encontraba en el signo de Virgo; Júpiter y Venus estaban en buen aspecto con él; Mercurio no era desfavorable, Saturno y Marte eran neutros; únicamente la Luna, llena aquel día, desplegaba la fuerza de su reverberación tanto más poderosamente cuanto que su hora planetaria había empezado. Ella se opuso, pues, a mi nacimiento hasta que esta hora hubo pasado. Estos buenos aspectos, altamente apreciados más tarde por los astrólogos, fueron sin duda la razón por la que permanecí en vida, ya que por torpeza de la partera, creyeron que había venido muerto al mundo, y solo tras numerosos esfuerzos vi la luz».

Para Goethe la astrología era un camino para descubrir la vida íntima del hombre, lo que ocurría en el fondo de su alma.

En el año 1781 William Herschel descubre Urano y en 1846 el astrónomo Galle descubre Neptuno. Carl Gustav Jung (1875-1961), eminente psicólogo humanista, utiliza la astrología como herramienta de conocimiento del ser humano, y sus trabajos sobre el inconsciente colectivo y su interpretación de los símbolos astrológicos como arquetipos han influenciado positivamente para tener una nueva visión de la astrología que contempla al ser humano más allá de su individualidad. De hecho, Urano y Neptuno representan la conexión del individuo con el todo. Es a partir de esta época cuando la astrología empieza un nuevo camino hacia una visión más humanista y evolutiva.

Como cualquier otra rama del saber humano la astrología ha sufrido una evolución desigual, ha vivido épocas de rechazo y otras de gran aceptación. Los historiadores solo cuentan a veces una parte de la historia. En ocasiones han relegado la astrología a un segundo plano, calificándola de ciencia esotérica y ocultando su existencia en la vida de grandes pensadores y científicos, que eran astrónomos, médicos, matemáticos…, pero también eran astrólogos porque levantaban mapas natales. Además, no hay que obviar que durante muchos siglos se consideró que astrología y astronomía eran una misma ciencia, de modo que se usaba indistintamente uno u otro nombre para designar su práctica.

En este momento, la física cuántica está abriendo el camino hacia nuevos conceptos en el sentido de que no hay una única realidad, sino varias, y aunque estas no sean cuantificables, existen. Nuestra realidad es nuestra percepción, la vida que nos creamos, y es esto precisamente lo que muestra la astrología: tu percepción, tu realidad. Estamos viviendo un momento histórico de grandes cambios: Urano está ahora situado en el signo de Aries y los avances en todas las áreas relativas al ser humano van a ser muy rápidas y valiosas. Como que Urano es el planeta de la astrología y Aries el signo de los inicios, la astrología va a tener un nuevo resurgir y ocupará el lugar que le corresponde en la historia.

Astrología aquí y ahora

Antiguamente, la astrología se aplicaba de forma determinista, es decir, como si todo estuviese ya escrito en las estrellas. Bajo esta visión el ser humano no podía modificar nada su vida. Hoy en día todavía hay astrólogos (muchos de ellos en Oriente) que siguen aplicando el conocimiento astrológico como si fuese una losa encima de la persona y remarcan que nada se puede hacer al respecto si la carta astral tiene malas influencias de los astros, lo que determina un futuro ya marcado e inamovible. Esta es la visión determinista que hace que la persona deje de luchar o de motivarse para realizar el cambio necesario y olvide que dispone de libre albedrío.

Yogananda Paramasana (1893-1952) es un venerado y sabio indio, que tuvo un maestro, Sri Yukteswar, que le enseñó esta ciencia y le dijo: «La astrología es el estudio de la respuesta del hombre al estímulo planetario, las estrellas no tienen conciencia de benevolencia o animosidad, solo emiten radiaciones positivas o negativas», según se explica en *Autobiografía de un yogui*. Yogananda no creía en principio en la astrología, pero siguiendo las enseñanzas de su maestro quiso experimentar y se dio cuenta de que cuando tenía un mal periodo astrológico tenía mayores dificultades. A partir de tomar consciencia de esta situación cambiaba su actitud y eso mejoraba el resultado.

La astrología del aquí y el ahora es una astrología evolutiva, que te hace responsable de tu propia vida, te señala el mapa del camino y te ofrece muchas opciones donde escoger: puedes elegir (esta palabra es clave, *elección*), porque puedes decidir, frente a periodos favorables o desfavo-rables, qué «hacer o no hacer», qué «sentir o no sentir», qué «pensar o no pensar». La astrología indica, pero no obliga. Como dijo Ptolomeo: «El sabio gobierna su estrella y el ignorante es gobernado por ella».

No puedes cambiar el país donde has nacido, pero sí puedes irte a vivir a otro lugar. Naces con una lengua de origen, pero puedes hablar muchas más. Vives en una cultura determinada, pero puedes aprender otras. Por lo tanto, no puedes negar lo que eres (carta astral), sin embargo, puedes transformarte y expandirte más allá de tu horizonte natal.

Al interpretar tu carta astral puedes conocer tu pasado, tu momento presente y tu futuro. En función del camino que hayas elegido en tu vida se verá si has superado un mal momento o si te has estancado en él. El conocimiento astrológico te revelará cuáles son tus posibilidades y gracias a ello tomarás conciencia de lo que te está sucediendo y cada vez tendrás más luz en el camino para afrontar tu crecimiento personal.

«¿Hay mayor libertad que la que nos confiere saber quiénes somos, con qué contamos y hacia dónde tenemos que encaminar nuestros pasos?», decía mi amiga y profesora, la astróloga Helena Martín en su libro *Los planetas en el Universo Astrológico*.

Estoy segura de que la astrología se utilizará y expandirá cada vez más en el campo de la educación, la empresa o la investigación, pues es un valor añadido ya que considera a cada ser humano como un ser único, fuera de todo protocolo, cultura, educación, raza o religión, y así es como hay que reconocerlo y tratarlo.

Actualmente, hay muchos profesionales que utilizan la astrología y la combinan con sus especialidades, tales como médicos, psicólogos, terapeutas o periodistas. En países como Estados Unidos, Reino Unido o Francia ya se imparte en las universidades. A las consultas de los astrólogos acuden reyes, políticos, actores y personajes de todo tipo.

En India (Delhi), donde tuve el placer de vivir durante dos años, todo, absolutamente todo, es consultado al astrólogo: matrimonios, compras, estudios, viajes, salud... Todo el mundo tiene su carta astral como un documento importantísimo de su vida y como tal lo cuidan y veneran.

Hoy en día se pueden obtener los gráficos natales de muchas webs astrológicas que facilitan los datos de forma rápida y evitan los posibles errores derivados del cálculo manual. Pero hay que tener en cuenta que la interpretación que ofrecen es una mera receta, igual para todo el mundo, que dan aspectos astrológicos de una manera inconexa y no contextualizada que confunde más que aclara. Esto es una astrología mecanizada.

La aportación que hace el astrólogo profesional es personalizada, trata a cada persona como un ser único. En mi experiencia profesional siento que guío a muchas personas a mantener su equilibrio, pues, desorientadas ante lo que les pasa, hubieran tomado decisiones equivocadas o drásticas: divorciarse, cambiar de empresa, o estudiar la carrera errónea. Con el abanico de posibilidades que les planteo pueden tomar la decisión más adecuada para ellos.

Qué es y qué te aporta tu carta astral

Si hiciésemos una fotografía del cielo en el mismo momento de tu nacimiento veríamos unas constelaciones que contienen los signos astrológicos y en las que están situados los planetas. Esta configuración planetaria es lo que perfilará lo que llamamos la carta astral.

La astrología estudia la relación entre el cosmos y el hombre, y el astrólogo es el traductor e intérprete de ese lenguaje cósmico formado por una serie de símbolos que representan los signos, planetas y otros elementos.

Una parte de la interpretación de la carta es totalmente técnica y la otra, creativa e intuitiva. Igual que un médico con un buen instinto es capaz de reconocer rápidamente los síntomas del paciente y llegar al diagnóstico correcto, un buen astrólogo sabrá guiar y encaminar a la persona de una forma coherente.

La carta es nuestro mapa de la vida y contiene todo un abanico de posibilidades. Toda persona posee unos dones naturales (puntos fuertes) y unas dificultades (puntos débiles) y reconociéndolos mediante la carta podremos dirigir muchísimo mejor nuestro desarrollo personal y espiritual.

Conocer nuestra carta astral, nuestro mapa, es tener un manual de instrucciones de nosotros mismos totalmente personalizado. Como seres

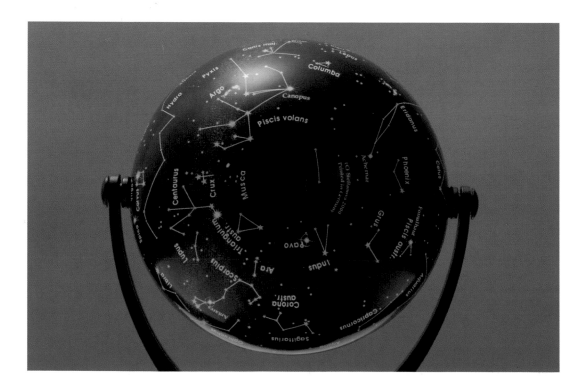

únicos que somos no tenemos copia y aunque la mayoría de personas queramos las mismas cosas (ser felices, amar y ser amados, tener salud), cómo sentimos, pensamos o vivimos para conseguirlas nos diferencia a unos de otros.

La carta es la percepción que tenemos de nuestra vida. ¿Qué significa esto? Que es el color del cristal con el que miramos. Nuestra realidad es importantísima porque es lo que sentimos, lo que pensamos y lo que creemos. Pero se trata de una realidad incompleta porque es parcial: no vemos todo el territorio sino solo nuestro mapa.

A través del conocimiento de la carta astral podremos ver, comprender y aplicar energía en aquello que más nos conviene. Sería como poner esta información a nuestro servicio potenciando lo mejor que tenemos y transformando todo aquello que impide nuestro crecimiento personal, pero sin darle la espalda, sin esconderlo: viéndolo, reconociéndolo y haciendo que se ponga a nuestro favor.

Al interpretar tu carta veremos todas las áreas de tu vida:

> personalidad,
> recursos que tienes tanto a nivel personal como material,
> pensamientos, estudios,
> tipo de familia en que naciste,
> hogar que vas a crear,
> trabajo, ¿y tu vocación? ¿coinciden?
> relaciones con tus seres queridos: padres, pareja, hijos,
> creatividad,
> amor,
> hábitos y salud,
> viajes,
> deseos, proyectos y amigos,
> y otras muchas más.

Dependiendo de la carta unas áreas son más importantes que otras. Así, en la de la profesión hay un área específica que llamamos «trabajo obligado», que es el que hacemos por responsabilidad o por dinero. Sin embargo, otra área nos indica cuál es nuestra vocación, que está ahí esperándonos para ser potenciada. Imagínate si además de tener una buena remuneración haces lo que te gusta. Es fantástico.

Otro apartado importante es la creatividad. Todos somos creativos de una manera u otra, todos somos seres creadores, y es importante desarrollar nuestra creatividad haciendo aquello que nos gusta. No hace falta ser el mejor ni el primero. Simplemente, diviértete y disfruta. Eso es ser creativo.

Tu misión en la vida

La carta astral muestra cuál es tu misión en la vida. Durante todo el proceso que dura la exposición e interpretación de la carta iremos siguiendo las diferentes parcelas para averiguar qué te interesa hacer en tu vida. Tú tienes tu propia misión, que a veces olvidas por seguir la educación que has recibido, por seguir las creencias de tu familia, de la sociedad. Esta misión sigue ahí, pero puede estar aletargada, incluso en ocasiones parece que no acaba de encontrarse o no acaba de realizarse, bien por tus creencias limitadoras o por tus miedos, obsesiones, apegos y desapegos. Sin embargo, puede salir y brotar como una nueva primavera. No hay edad para cumplir la misión de ser felices, de ser completos, de ser nosotros mismos. Conocer nuestra carta astral nos lleva a todo ello de una forma fácil y sencilla. Es como abrir la caja de Pandora y descubrir todo lo que está en el interior. A partir de este momento habrá que dejarlo reposar para absorber y aceptar toda esta información y trabajar en ello.

Todas las personas a las que tengo la suerte de abrir su caja de Pandora hacen cambios inmediatos tan positivos, aunque a veces sean pequeños y sencillos, que me siento gratamente afortunada cuando me explican sus avances.

Elementos que componen una carta astral

Para levantar una carta natal (carta astral) necesitamos conocer el día, mes, año, hora y lugar de nacimiento (ciudad y país) de la persona o acontecimiento. Todo lo que nace tiene su propia carta natal, se trate de una persona, un animal, un evento, un viaje, una comunión, una boda, una compra de un coche, una empresa, o la construcción de una casa.

Hoy en día hay muchas web astrológicas gratuitas en las que es posible introducir los datos antes mencionados para obtener la carta natal, con todos los datos que veremos a continuación.

> En el primer gráfico de la página siguiente vemos **los cuadrantes**, en la parte izquierda están las siglas AC, que corresponden al ascendente de nuestra carta (casa I). Enfrente, está situado el descendente, DC (casa VII). En la línea vertical se sitúa el fondo cielo (FC), abajo, que corresponde a la casa IV, que está al mismo grado y signo opuesto del medio cielo (MC), arriba.

> **Las casas** astrológicas se numeran del I al XII y su posición siempre es la misma en una carta, no hay variación posible: la casa I siempre está en el mismo lugar, seguida de la II, la III y así hasta llegar a la XII.

> Los doce **signos astrológicos**, que siempre siguen el mismo orden: Aries (♈), Tauro (♉), Géminis (♊), Cáncer (♋), Leo (♌), Virgo (♍), Libra (♎), Escorpio (♏), Sagitario (♐), Capricornio (♑), Acuario (♒) y Piscis (♓).

Lo que varía en cada carta es el signo donde se sitúa el ascendente (casa I), porque el AC (ascendente) depende de la hora y del lugar del nacimiento (latitud y longitud).

Una vez fijado el ascendente en un signo zodiacal, situaremos el resto de los signos siguiendo el orden preestablecido.

> En la carta también están representados diez **planetas**: Sol (☉), Luna (☽), Mercurio (☿), Venus (♀), Marte (♂), Júpiter (♃), Saturno (♄), Urano (♅), Neptuno (♆) y Plutón (♇). En función del día del nacimiento y del año conoceremos dónde están y los iremos situando en cada signo.

> Las **relaciones entre los planetas** se representan mediante líneas de colores: rojas, si se trata de conflictos, azules y verdes, si son talentos, y puntos naranjas, que son conjunciones ambivalentes.

> En una misma carta astral tendremos todos estos elementos **juntos**, como se ve en este último gráfico. En los siguientes capítulos se explican cada uno de estos conceptos y su representación.

Los cuadrantes

Los diez planetas

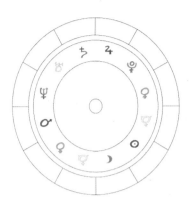

Las casas astrológicas

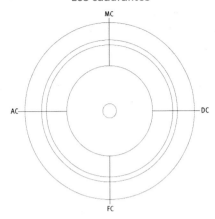

Las relaciones entre los planetas

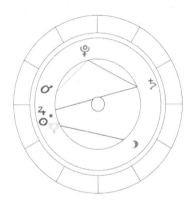

Los doce signos astrológicos

Todos los elementos juntos

Cuadriplicidades, Triplicidades, Cuadrantes

Cuadriplicidades: elementos

Al igual que el Feng-Shui, la astrología también divide los signos en función de los cuatro elementos primarios: fuego, tierra, aire y agua, que se denominan cuadriplicidades.

Elemento fuego

Este elemento se asocia con la pasión por la vida, el entusiasmo, la aventura, el disfrute, la espontaneidad y la creatividad.

> Los signos de fuego son:
> Aries (♈), Leo (♌), Sagitario (♐).

Aries (♈) vive la creatividad iniciando, empezando y experimentando como un niño con todo lo nuevo. Todo lo vive desde la energía del cuerpo.

Leo (♌) es una creatividad que se manifiesta a través del juego, de lo lúdico, de la diversión, y con una expresión casi teatral.

Sagitario (♐) comparte la creatividad a través del conocimiento, expandiendo su experiencia y contagiando con sus vivencias, sin dejar de incitar a los demás a que tengan presente aquello que ellos mismos ya han experimentado.

Elemento tierra

Este elemento es el que pone los ingredientes adecuados para dar un fruto, un resultado práctico y que sea de utilidad a los demás.

> Los signos de tierra son:
> Tauro (♉), Virgo (♍), Capricornio (♑).

Tauro (♉) es el signo constructor, el que empieza por una piedra y llega a edificar toda una casa. Tiene como recurso su paciencia y su determinación para conseguir el objetivo que se ha propuesto.

Virgo (♍) cuida el detalle hasta el extremo y analiza durante todo el proceso lo que hay que añadir o quitar para que salga «perfecto» y sea útil a los demás.

Capricornio (♑) pondrá las normas, controlará el tiempo para que no sea ni mucho ni poco, sino el que corresponda, para que todo llegue a su fin.

Elemento aire

Este elemento tiene que ver con el movimiento y la comunicación. Si los de fuego tienen la idea y los de tierra hacen que esta se lleve a término, los de aire comunicarán esta idea a todos los demás.

> Los signos de aire son:
> Géminis (♊), Libra (♎), Acuario (♒).

Géminis (♊) comunica sin analizar aquello que le parece importante.

Libra (♎) adecuará la comunicación al tema relacional, es decir, interpretará lo que es importante desde el tú a tú.

Acuario (♒) traslada al grupo los mensajes que considera que necesita el colectivo.

Elemento agua

El elemento agua tiene que ver con la emoción y los sentimientos.
Es todo aquello que memorizamos con relación a nuestro pasado y también con nuestras sensaciones internas

> Los signos de agua son:
  Cáncer (♋), Escorpio (♏), Piscis (♓).

Cáncer (♋) es hipersensible a su entorno más cercano y guarda las emociones.

Escorpio (♏) siente la emoción muy intensamente y es capaz de transformar las emociones de los demás.

Piscis (♓) vive la emoción de un modo transpersonal y se ve reflejado en cualquier sentimiento que sufre la humanidad.

Vamos a conocer cuál es el elemento que más domina en la carta astral. Para ello contaremos cuántos planetas están en fuego, cuántos en tierra, cuántos en aire y cuántos en agua. A esta cifra le sumaremos el ascendente y el medio cielo, lo que nos dará un total de doce componentes que tener en cuenta.
En el gráfico inferior vemos que el ascendente es Tauro (elemento tierra). El Sol está en Acuario (aire). La Luna, en Aries (fuego). Mercurio, en Acuario (aire). Venus, en Capricornio (tierra). Marte, en Acuario (aire). Júpiter, en Aries (fuego). Saturno, en Libra (aire). Neptuno en Acuario (aire).

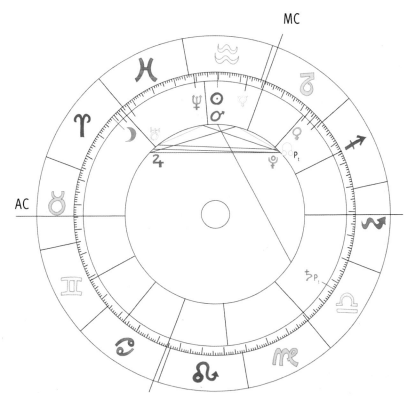

Persona nacida el 7.02.2011, a las 11:45 horas en Barcelona

Urano, en Piscis (agua). Plutón, Medio Cielo en Capricornio (tierra).

› Elemento fuego: Luna en Aries (♈), Júpiter en Aries (♈). Total: **2** en fuego.

› Elemento tierra: AC en Tauro (♉), Venus en Capricornio (♑), Plutón en Capricornio (♑) y medio cielo en Capricornio (♑). Total: **4** en tierra.

› Elemento aire: Sol en Acuario (♒), Mercurio en Acuario (♒), Marte en Acuario (♒), Saturno en Libra (♎) y Neptuno en Acuario (♒). Total: **5** en aire.

› Elemento agua: Urano en Piscis (♓). Total: **1** en agua.

Esta persona tiene como elemento destacado el aire, ya que la mayoría están situados en signos de aire. En la interpretación comentaremos que es una persona comunicativa, que necesita expresarse, y que es muy válida para transmitir las ideas de los otros y darlas a conocer.

Es muy importante tener este dato. Imagínate que una persona es de signo Virgo y su ascendente es Capricornio, ambos de tierra. En un principio podríamos pensar que es una persona realista, práctica, concreta... Sin embargo, al realizar el recuento vemos que el elemento destacado es agua, lo que indica que es mucho más emocional que realista y práctica.

Triplicidades: energías

Los signos, además de tener los elementos mencionados anteriormente, tienen otra división que se llama *triplicidades* porque contienen tres tipos de energías diferentes según se hallen situados en un signo u otro.

En la tradición hindú estas divisiones están representadas por los tres dioses más importantes:

Brahma, el Creador (inicio); Vishnu, el Administrador (continuación) y Shiva, el Destructor (el final del ciclo).

Cardinales

Son los signos iniciadores, los que van por delante de los otros, los que impulsan la acción, los que tienen más iniciativa y decisión. Son el punto de partida.

› Los signos cardinales son: Aries (♈), Cáncer (♋), Libra (♎) y Capricornio (♑), y corresponden a las casas I, IV, VII y X.

Cuando el Sol entra en uno de estos signos se produce el inicio de las estaciones: Cuando entra en Aries (♈) se inicia la primavera. En Cáncer (♋), empieza el verano. En Libra, el otoño, y en Capricornio (♑), el invierno.

Fijos

Son los encargados de llevar a término todo aquello que los cardinales han iniciado. Pondrán toda su energía, todo su empeño en ello, y no pararán hasta conseguir el objetivo deseado, con paciencia y tenacidad.

› Los signos fijos son: Tauro (♉), Leo (♌), Escorpio (♏) y Acuario (♒), y corresponden a las casas II, V, VIII y XI.

Mutables

Son flexibles y cambiantes, necesitan estímulos porque se aburren fácilmente, son compasivos e intuitivos. Si es necesario modificarán y cambiarán lo que los otros han planeado para adaptarse a lo nuevo en ese preciso momento.

› Los signos mutables son: Géminis (♊), Virgo (♍), Sagitario (♐) y Piscis (♓), y corresponden a las casas III, VI, IX y XII.

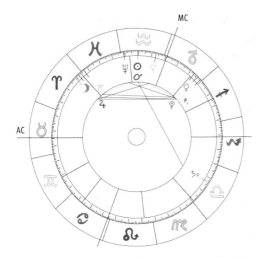

Persona nacida el 7.02.2011, a las 11:45 horas en Barcelona

Utilizaremos la misma carta para saber cuál es la cualidad que tenemos más destacada, para ello vamos a mirar en qué signos están situados los planetas.

> **Cardinal:** Luna (☽) en Aries (♈), Venus (♀) en Capricornio (♑), Júpiter (♃) en Aries (♈), Saturno (♄) en Libra (♎), Plutón (♇) en Capricornio (♑) y medio cielo en Capricornio (♑) = 6

> **Fija:** Sol (☉), Marte (♂), Mercurio (☿) y Neptuno (♆) en Acuario (♒), y ascendente en Tauro (♉) = 5

> **Mutable:** Urano (♅) en Piscis (♓) = 1

La interpretación de estos valores nos daría que la persona tiene bastante equilibrada su energía cardinal, que indica inicio, iniciativa y acción. Su cualidad fija también está compensada, así que lleva a término todo aquello que se propone. La energía mutable, en cambio, es la que tendría que desarrollar −sólo tiene en ella un planeta− intentando ser más flexible y adaptable a los cambios.

Y nos vamos de viaje

Todos estos elementos si preparasen un viaje aportarían sus conocimientos al resto del grupo.

> Los de fuego (Aries, Leo y Sagitario) serían los que propondrían la idea, entusiasmarían a los demás y buscarían a qué lugar viajar.

> Los de tierra (Tauro, Virgo y Capricornio) se responsabilizarían de la parte práctica: presupuestos, buscar los billetes y las agencias más económicas.

> Los de aire (Géminis, Libra y Acuario) pondrían en contacto a todo el grupo mediante reuniones, *e-mails* o llamadas telefónicas y unirían las ideas de unos y otros.

> Los de agua (Cáncer, Escorpio y Piscis) serían los que aportarían la parte más humana, como llevar medicinas o ropas al país que visitasen pensando que serían de una gran ayuda.

Cuadrantes: personalidades

Los planetas se pueden hallar en cualquiera de las doce casas del horóscopo. Este se divide en cuatro cuadrantes, cada uno de ellos expresa una forma de personalidad diferente en función de si los planetas se distribuyen en un único cuadrante, en dos, en tres, o dispersos por todo el círculo.

Primer cuadrante

Cuando la mayoría de los planetas se encuentran entre el ascendente y las casas I, II y III nos da un tipo de personalidad individualista, fijada en sí mismo, y que busca afirmación por sus propios objetivos, esfuerzos y experiencia.

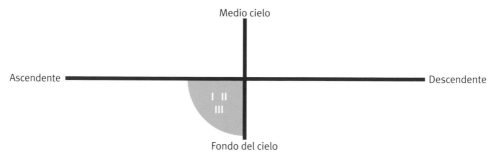

Segundo cuadrante

La mayoría de los planetas estarán situados entre las casas IV, V y VI. La personalidad tenderá a ser útil a los demás, complaciéndoles y atendiéndoles. Pueden ser personas pasivas si no sienten esa necesidad de ayudar al otro.

Tercer cuadrante

La mayoría de los planetas están en las casas VII, VIII y IX. Van en busca del éxito, de situarse socialmente, les gusta relacionarse y buscan el apoyo de las demás personas con las cuales compartirán todo lo que hayan conseguido.

Cuarto cuadrante

La mayoría de los planetas, en las casas X, XI y XII. Estos nativos también buscan el reconocimiento y el estatus, pero se apoyan en sí mismos. El reconocimiento puede llegar un poco tarde en la vida pero esto la hace más intensa, ya que siempre tienen planes por cumplir.

Primer y segundo cuadrante

Cuando la mayoría de los planetas están situados en las casas I, II, III, IV, V y VI. Los primeros años de la vida son fundamentales pues afirman su personalidad a base de esfuerzo y mejoras personales.

Tercer y cuarto cuadrante

Los planetas están situados en las casas VII, VIII, IX, X, XI y XII. La personalidad está dirigida hacia el exterior, pasan la mitad de la vida casi sin hacer realmente lo que quieren. Es a partir de los 36 años, aproximadamente, cuando empiezan a tomar las riendas de su vida.

LOS SIGNOS ASTROLÓGICOS

Los signos astrológicos: los personajes

Los signos del Zodíaco son doce, como doce son los meses del año: Aries (♈), Tauro (♉), Géminis (♊), Cáncer (♋), Leo (♌), Virgo (♍), Libra (♎), Escorpio (♏), Sagitario (♐), Capricornio (♑), Acuario (♒) y Piscis (♓).

Cada uno de ellos tiene su opuesto que, en la carta astral, los encontraremos situados uno frente al otro. Así, veremos:

> Aries (♈) está opuesto a Libra (♎)
> Tauro (♉) opuesto a Escorpio (♏)
> Géminis (♊) opuesto a Sagitario (♐)
> Cáncer (♋) opuesto a Capricornio (♑)
> Leo (♌) opuesto a Acuario (♒)
> Virgo (♍) opuesto a Piscis (♓)

En cada uno de los signos prevalecen una serie de características en las que te puedes sentir reconocido. Unas representan los talentos que tienes, aquellas áreas de tu personalidad que son tus puntos fuertes, mientras que las otras representan dificultades, es decir, rasgos de tu personalidad que son tus puntos débiles. Además, los signos asumen diferentes roles que les hacen actuar de una manera u otra, lo que les diferencia del resto.

Todas las personas que han nacido en el primero o último día de un signo tienen que averiguar a cuál de ellos pertenecen. Cada año varía el día y la hora de la entrada del Sol en un signo determinado. Por ejemplo, en el 2010, en Barcelona ciudad, el Sol entró en el signo de Leo el 23 de julio de 2010 a las 00:22 horas, mientras que este año 2011 ha entrado el 23 de julio a las 06:12 horas.

Una de las preguntas que se hace la mayoría de personas es si su signo es compatible con otro. En principio, los signos que pertenecen a un mismo elemento se suelen llevar bien entre sí, es decir, los de fuego (Aries, Leo y Sagitario) se entienden entre ellos, igual que los de tierra (Tauro, Virgo y Capricornio), los de aire (Géminis, Libra y Acuario) o los de agua (Cáncer, Escorpio y Piscis). Esto se debe a que tienen un propósito común. En el capítulo de los elementos ya vimos cómo a los signos de aire, por ejemplo, les mueve la comunicación, mientras que las emociones unen a los de agua.

Sin embargo, para saber la compatibilidad existente entre las personas hay que observar el resto de la carta, pues además de tener el Sol en un signo determinado (que es el que marca tu signo zodiacal), tienes otros nueve planetas que se relacionan entre sí y que propician una buena compatibilidad con personas de signos que no pertenecen a tu mismo elemento. Por ejemplo, un tauro que tenga la Luna situada en Escorpio tendrá amigos que sean escorpio.

Otra curiosidad es la atracción que se ejerce entre los signos opuestos. Así, hay parejas aries-libra, virgo-piscis o géminis-sagitario que pueden llevarse bien a pesar de que su energía sea totalmente opuesta.

También ocurre que, a priori, dos personas de un mismo signo no se parezcan en nada. Esto es cierto, en principio, porque hay lo que denominamos *signos puros*, que son aquellos que tienen solamente el Sol en ese mismo signo. En cambio, otros signos, además de tener su Sol allí tienen también otros planetas, lo que influye en su personalidad. Por ejemplo, los cancerianos son generalmente muy familiares y conservadores. Sin embargo, los nacidos entre los años 1948 y 1956 tienen ade-

más del Sol en Cáncer, el planeta Urano también en Cáncer. Como que Urano aporta comportamientos de rebeldía y cambio, muchas de las personas pertenecientes a esta generación rompieron moldes, se marcharon de casa a temprana edad y se divorciaron. Por lo tanto, no han actuado como un Cáncer puro.

Cuando empieces a identificar a las personas mediante los rasgos astrológicos que muestran vas a tener la oportunidad de divertirte adivinando cuál es su signo.

Conforme avances en el conocimiento de la astrología irás reconociendo que, tal vez, lo que has detectado no sea su signo sino un planeta dominante o un ascendente que tenga muy marcado. Verás como te surgirá la necesidad de levantar la carta astral de esa persona y averiguar si es cierto aquello que intuyes.

Aries

Del 21 de marzo al 20 de abril

> **Elemento**: Signo que corresponde al elemento fuego.
> **Casa**: La casa I es su casa natural.
> **Planeta**: El planeta que rige el signo de Aries es Marte.
> **Símbolo**: El símbolo que lo representa es el carnero.
> **Físico**: La parte del cuerpo físico que le corresponde es la cabeza.

Es el llamado bebé del Zodíaco porque necesita atender todas sus necesidades básicas al momento. Para su cuerpo físico es vital este cumplimiento y si no lo hace puede sentirse irritado e impaciente sin saber bien el porqué.

Necesita hacer deporte, tiene muchísima vitalidad, así que estar activo es una forma de desarrollar esa capacidad. Es un líder nato, capaz de tomar decisiones rápidamente, aunque tiene que evitar imponer al resto sus convicciones.

> **Puntos fuertes**: Coraje, valentía y audacia. Le gusta ser el primero en todo lo que hace.

Es un pionero, un aventurero y un excelente iniciador.

> **Puntos débiles**: Exceso de independencia. Precipitación y brusquedad en el trato. Le cuesta escuchar a los demás e intenta hacer lo que se ha propuesto aunque no sea lo adecuado en ese momento.
> **Profesiones**: Deportista. Militar. Carnicero. Afilador. Profesor de gimnasia. Emprendedor.
> **Cómo reconocer al adulto**: Llegará siempre el primero y tal vez corriendo, como si tuviese prisa. También querrá ser atendido antes y, si no le haces caso, se acercará a ti para reclamar toda tu atención. Si aún así sigues sin mirarlo se enfadará mucho, pero se le pasará enseguida. Te lo encontrarás en cualquier lugar haciendo deporte y motivando a los demás para que también lo hagan.
> **Cómo reconocer al peque**: ¿Quién está chillando en la casa? Seguro que se trata de un pequeño Aries y ¡vaya! que si se deja oír... Como tardes en darle de comer te la arma. Tiene una gran flexibilidad corporal y una enorme energía vital. Bicicleta arriba y abajo todo el día. Puede tener estados febriles si no puede exteriorizar su energía. Será el mejor en los deportes y querrá ser el primero en todo lo que haga, incluso antes que su hermano mayor.

Personaje famoso
Gemma Mengual (12 de abril de 1977), nadadora olímpica, Barcelona (España).

Tauro

Del 21 de abril al 21 de mayo

> **Elemento**: Signo que corresponde al elemento tierra.
> **Casa**: La casa II es su casa natural.
> **Planeta**: El planeta que rige el signo Tauro es Venus.
> **Símbolo**: El símbolo que lo representa es el toro.
> **Físico**: La parte del cuerpo físico que le corresponde es la garganta.

Es el constructor del Zodíaco, su naturaleza le hace que acumule: dinero, casas, personas, amigos y, en general, objetos a los que les da valor. Su seguridad está muy basada en aquello que se puede materializar.

Amigo de sus amigos, tiene un gran sentido de la lealtad, puedes confiar plenamente en él. Le encanta ir a buenos restaurantes y es un buen conocedor de los mejores vinos del mercado.

> **Puntos fuertes**: Paciencia, lealtad, excelente *gourmet* y muy creativo, especialmente cuando utiliza sus manos.
> **Puntos débiles**: Obstinado, no da su brazo a torcer aunque esté equivocado. Es oportunista hasta el extremo. Es tacaño, cuanto más tiene menos quiere dar.
> **Profesiones**: Decorador. Arquitecto. Pintor. Cantante. Cocinero. Banquero.
> **Cómo reconocer al adulto**: Entrará tranquilo en el lugar de la cita, elegantemente vestido, ya sea de esport o de calle. Poseerá algún objeto con mucha clase: una pluma, un reloj o un bolso.

Después de observarte durante un tiempo se dirigirá a ti y te invitará con toda amabilidad. Al finalizar te pedirá tu tarjeta de visita para seguir en contacto. Le encanta cantar, especialmente en la ducha o en la bañera.

> **Cómo reconocer al peque**: La comida es importante para este pequeño taurito. No va a querer comer cualquier cosa porque es ya un *gourmet* desde la infancia, así que la cocina va a ser uno de sus lugares preferidos. Tiene sus propias ideas y es muy tozudo, o sea que, o te lo ganas con mimos, o no se moverá de su posición. Tiene muchísima más paciencia que tú para conseguir lo que quiere.

Personaje famoso
Barbra Streisand, (24 de abril de 1942), cantante, Brooklyn, Nueva York (EE.UU.).

Géminis

Del 22 de mayo al 21 de junio

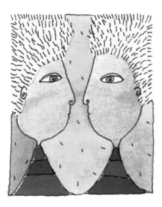

› **Elemento:** Signo que corresponde al elemento aire.

› **Casa:** La casa III es su casa natural.

› **Planeta:** El planeta que rige el signo de Géminis es Mercurio.

› **Símbolo:** El símbolo que lo representa generalmente son dos gemelos mirando en direcciones opuestas.

› **Físico:** La parte del cuerpo físico que le corresponde son los brazos y pulmones.

Versátil, inquieto, dual. Le gusta estar en mil cosas a la vez y si está en una reunión querrá enterarse de lo que se habla en cada extremo de la mesa.

Son comerciantes natos, simplemente porque les gusta ir de aquí para allá y conocer un poco de todo. Además, como lo saben transmitir perfectamente, todos los que les rodean querrán acabar comprando o probando lo que su amigo les está diciendo.

› **Puntos fuertes:** Es hábil en las comunicaciones, tiene facilidad de palabra y es un excelente escritor. Gran agilidad mental e inteligencia. Sabe de todo un poco porque tiene intereses muy diversos.

› **Puntos débiles:** Es superficial, porque necesita cambiar constantemente lo que está haciendo, con lo que ni acaba ni profundiza en nada. Es inconstante y copia en exceso lo que hace otro. Es un imitador nato.

› **Profesiones:** Escritor. Dibujante. Comercial. Conductor. Comunicador. Librero. Editor. Seguramente ejercerá dos profesiones a la vez.

› **Cómo reconocer al adulto:** Cuando te vea te hará un saludo con la mano y te dirá «ahora vengo». Está hablando por teléfono y cuando acaba la llamada, mientras estáis juntos, todavía recibe un par más de llamadas. Te comenta todos los planes que tiene y seguramente también los de aquellos que tiene a su alrededor. Te explicará que se ha apuntado a un curso sobre algo de lo que no tiene ni idea, pero que le gustó la publicidad y va a ver qué pasa.

› **Cómo reconocer al peque:** Siempre hace dos cosas a la vez. Cuando hace los deberes estará mirando la tele al mismo tiempo o dibujando en un papel al lado, porque acostumbra a tener las dos manos ocupadas. Aunque te extrañe, esta es una de sus grandes habilidades y seguro que acaba sacando buenas notas. Mientras habla por los codos sus manos no paran de gesticular, parecen tener vida propia.

Personaje famoso
Jean-Paul Sartre (21 de junio de 1905), escritor, París (Francia).

Cáncer

Del 22 de junio al 23 de julio

> **Elemento**: Signo que corresponde al elemento agua.
> **Casa**: La casa IV es su casa natural.
> **Planeta**: El planeta que rige el signo de Cáncer es la Luna.
> **Símbolo**: El símbolo que lo representa es el cangrejo.
> **Físico**: Las partes del cuerpo físico que le corresponden son el estómago y la piel.
> Es el más tradicional del Zodíaco. Está muy focalizado en el pasado. Su familia y su hogar es lo que más les motiva. Gran sensibilidad para cuidar y proteger a las personas de su entorno. Receptividad y entendimiento con las emociones de los demás, tanto si es hombre como si es mujer. Su memoria es la de un elefante, así que te puede recordar lo que pasó hace 20 años con todo lujo de detalles.
> **Puntos fuertes**: Sensibilidad psíquica, empatía, receptividad, romanticismo. Tiene una gran imaginación, que le hace ser muy creativo.
> **Puntos débiles**: Se queja constantemente. Tiene tendencia a sentirse víctima de las circunstancias. El anclaje en el pasado no le deja avanzar. Tiene un humor cambiante y es caprichoso.
> **Profesiones**: Masovero. Ama de casa. Hotelero. Dependiente. Marinero. Camarero. Puericultor. Comadrona.
> **Cómo reconocer al adulto**: Le gustará invitarte a su casa para presentarte a su familia. Seguramente aprovechará alguna fiesta tradicional y señalada. Si de repente se vuelve serio y taciturno, es porque algo le ha ofendido, le ha herido, aunque tú no tengas ni idea de lo que ha ocurrido. Ni se te ocurra preguntarle entonces, porque se va a cerrar aún más. Es mejor que seas amable con él y ya se le pasará.
> **Cómo reconocer al peque**: Estará en el regazo de su madre, tirándole de la falda para llamar su atención, con carita de pucheros porque quiere que ella sepa que él está ahí y le asusta que le dejen solo en algún momento.
> Difícilmente dormirá fuera de casa, porque no le gusta estar separado de la familia y se siente seguro en su hogar, siguiendo en todo momento a alguno de sus padres allí donde vaya.

Personaje famoso
Diana de Gales (1 de julio de 1961), Sandringham, Norfolk (Reino Unido).

Leo

Del 23 de julio al 23 de agosto

> **Elemento**: Signo que corresponde al elemento fuego.
> **Casa**: La casa V es su casa natural.
> **Planeta**: El planeta que rige el signo de Leo es el Sol.
> **Símbolo**: El símbolo que lo representa es un león.
> **Físico**: La parte del cuerpo físico que le corresponde es el corazón.

Es el rey del Zodíaco, y su presencia no pasa inadvertida. Siempre con un gran porte, les gusta brillar y ser el centro de atención. Son muy generosos, tanto si tienen dinero como si no, porque necesitan mostrar su estatus y el dinero para ellos es una señal de poder. Son pasionales y muy teatrales en su vida cotidiana. Estar enamorados es imprescindible para ellos porque necesitan sentir que son importantes en la vida de otra persona.

> **Puntos fuertes**: Es un genio en las artes interpretativas. Tiene don de gentes y grandeza de espíritu. Noble, generoso y sociable.
> **Puntos débiles**: Es orgulloso y egocéntrico, el mundo gira a su alrededor. Es egoísta, piensa en él antes que en los demás. Gasta en exceso.
> **Profesiones**: Actor o actriz. Diseñador. Joyero. Empresario. Conductor. Cualquiera que tenga relación con la moda: modelo, modista, sastre...
> **Cómo reconocer al adulto**: Su porte te dejará sin aliento cuando lo veas entrar por la puerta. Si es una mujer tendrá una melena impresionante; si es un hombre, se acercará con paso firme y altanero. Llevará puesta ropa de marca de último diseño. Lo encontrarás tomando una copa en el lugar más de moda de la ciudad, rodeado de otras personas que le escuchan y le ríen sus gracias.
> **Cómo reconocer al peque**: Lo encontrarás en medio del salón bailando y cantando. Seguramente irá disfrazado de rey o de princesa y estará subido en una tarima rodeado de otras personas que están disfrutando con sus fantasías. También puede estar dirigiendo y mandando a quienes tiene a su alrededor, como si fuesen los súbditos de su castillo. Le encanta vestirse con ropa de vivos colores.

Personaje famoso
Antonio Banderas (10 de agosto de 1960), actor, Málaga (España).

Virgo

Del 24 de agosto al 23 de septiembre

> **Elemento**: Signo que corresponde al elemento tierra.
> **Casa**: La casa VI es su casa natural.
> **Planeta**: El planeta que rige el signo de Virgo es Mercurio.
> **Símbolo**: El símbolo que lo representa es una doncella.
> **Físico**: La parte del cuerpo físico que le corresponde es el intestino.

Tiene como misión en la vida el ser útil a los demás. Son personas inteligentes que están analizando todo lo que se les presenta delante. Si tienes alguna duda, pregúntale a un Virgo, te dará todo tipo de detalles de un modo práctico y sencillo, y lo verás todo muy claro. Puedes confiar en ellos, son discretos y siempre están ahí para ayudarte. Necesitan estar siempre ocupados en alguna tarea.

> **Puntos fuertes**: Es muy estudioso y se pasa toda la vida ampliando estudios y adquiriendo conocimientos. Es analítico sin dejar de ser práctico y eficaz. Muy trabajador y servicial, te ayudará en lo que le pidas.

> **Puntos débiles:** Tiene un exceso de perfeccionismo, lo que le puede llevar a obsesionarse. Es crítico, maniático y con tendencia a ser hipocondríaco.
> **Profesiones**: Secretario. Bibliotecario. Recepcionista. Biólogo. Analista de sistemas. Trabajador social. Enfermero.
> **Cómo reconocer al adulto:** Estará callado, observándolo todo y, hasta que no tenga la suficiente confianza para mostrarse, ni sabrás que está allí. Sacará su libreta y un lápiz y apuntará algo que le ha llamado la atención, para revisarlo más adelante. Cualquier cosa que necesites, pídesela, abrirá su bolsa y encontrará de todo: un pañuelo, un bolígrafo, una aspirina, la guía del ocio, una aguja e hilo de coser... Además, también llevará un libro para poder leer cuando tenga un momento libre.
> **Cómo reconocer al peque:** Estará ordenando su cuarto y no se te ocurra cambiar nada de como él lo ha puesto, porque lo volverá a cambiar de nuevo. Es un maniático de su orden. Le gustará mucho estudiar y leerá todo lo que encuentre. Te ayudará porque le encanta sentirse útil y hacer algo por ti. Es muy nervioso aunque no lo demuestre y constantemente busca respuestas, así que lo verás ir de un lado a otro sin parar de hacer preguntas: «¿por qué?», «¿cómo funciona?»

Personaje famoso

Richard Gere (31 de agosto de 1949), actor y activista social, Filadelfia (EE.UU.).

Libra

Del 23 septiembre al 22 de octubre

> **Elemento**: Signo que corresponde al elemento aire.
> **Casa**: La casa VII es su casa natural.
> **Planeta**: El planeta que rige el signo de Libra es Venus.
> **Símbolo**: El símbolo que lo representa es la balanza.
> **Físico**: La parte del cuerpo físico que le corresponde son los riñones.
> Necesitan compartir todo aquello que hacen y buscan constantemente la armonía evitando la discusión, lo que les provoca que, en ocasiones, se desequilibren. Son un mar de dudas y les cuesta tomar decisiones por sí mismos. La estética es muy importante para ellos, y la cuidan tanto en su imagen personal como en los lugares que habitan, ya sea su hogar o su lugar de trabajo. Tienen muy desarrollado el sentido de la justicia. Son muy selectivos en sus relaciones.
> **Puntos fuertes**: Tiene el don del arte y de la elegancia. Es un estupendo pacificador y un gran relaciones públicas. Muy agradable en el trato personal.

> **Puntos débiles**: Es un clasista. Tiene un exceso de prejuicios. Es indeciso e indolente, y para mantener su comodidad evita las responsabilidades, dejándolo todo para mañana.
> **Profesiones**: Abogado. Director de galería de arte. Diplomático. Relaciones públicas. Mediador. Sindicalista.
> **Cómo reconocer al adulto**: Irá vestido con mucha clase, elegantemente, y estará sentado al lado de un buen cuadro, una escultura, o cualquier objeto de gran belleza. Te sonreirá ampliamente y con esta sonrisa ya habrá ganado tu simpatía. Te escuchará tranquilamente y verá cómo puede solucionar aquello que le hayas explicado. Si has tocado su sentido de la justicia es posible que ponga toda su energía en ayudarte.
> **Cómo reconocer al peque**: Si tiene hoyuelos y te sonríe ampliamente es un peque Libra. Cuando vaya a vestirse, ni se te ocurra preguntarle qué ropa quiere ponerse, porque estará dudando tanto tiempo que va a llegar tarde al colegio. Eso sí, escógesela de colores suaves y con algún complemento chic. Cuando pasees con él le estarán saludando todo el tiempo, porque hace amigos en todas partes, incluso con los que viven al lado de tu casa y que tú ni conoces.

Personaje famoso
Mahatma Gandhi (2 de octubre de 1869), pacifista, Porbanda (India).

Escorpio

Del 24 de octubre al 22 de noviembre

> **Elemento**: Signo que corresponde al elemento fuego.
> **Casa**: La casa VIII es su casa natural.
> **Planeta**: El planeta que rige el signo de Escorpio es Plutón.
> **Símbolo**: El símbolo que lo representa es un escorpión.
> **Físico**: La parte del cuerpo físico que le corresponde son los genitales.

Son los guardianes de los secretos de los demás, aunque él no te ha preguntado nada y has sido tú mismo quien le has confiado de manera natural todos tus secretos. Son unos excelentes catalizadores, también sin proponérselo. Su intensidad emocional es radical, te aman o te odian siempre con la misma intensidad. De igual modo, o te caen muy bien o muy mal. Les gusta el misterio de la vida, la profundidad, el ir siempre más allá y los retos personales. Tienen una fuerza increíble que siempre les hace salir de todos los problemas y remontar su vida nuevamente.

> **Puntos fuertes**: Es constante y valiente, con un fuerte determinismo. Tiene una gran capacidad de superación ante cualquier adversidad.
> **Puntos débiles**: No olvida fácilmente una afrenta. Es rencoroso, posesivo y celoso. Puede llegar a ser un manipulador. Es desconfiado y vengativo.
> **Profesiones**: Detective. Psicólogo. Carnicero. Forense. Rehabilitador. Minero. Investigador. Espía. Trabajo en energías renovables.
> **Cómo reconocer al adulto**: En cuanto lo veas comprobarás ya en la expresión en su rostro, seguramente por la profundidad de sus ojos, que tienes delante a una persona con magnetismo. Te sentirás totalmente seducido porque sabes que puede decirte algo importante que puede cambiarte la vida. También te sentirás atraído físicamente por él, no sabes bien porqué pero te fascina.
> **Cómo reconocer al peque**: Puede que tenga una señal de nacimiento, una gran peca o una mancha. Tendrá un escondite donde guardará sus mayores secretos y tesoros, con su poderosa espada luchará contra enemigos invisibles, ya que le cautivan el misterio y la magia. No intentes ocultar nada a un pequeño escorpio, porque solo con mirarte a los ojos ya sabe que algo te está pasando y de alguna manera te lo hará saber.

Personaje famoso
Madame Curie (7 de noviembre de 1867), investigadora, Varsovia (Polonia).

Sagitario

Del 22 de noviembre al 21 de diciembre

> **Elemento**: Signo que corresponde al elemento fuego.
> **Casa:** La casa IX es su casa natural.
> **Planeta**: El planeta que rige el signo de Sagitario es Júpiter.
> **Símbolo:** El símbolo que lo representa es un arquero mitad hombre mitad caballo.
> **Físico:** Las partes del cuerpo físico que les corresponden son el hígado y las caderas.
> Son los filósofos del Zodíaco, buscan el conocimiento en el exterior aunque en numerosas ocasiones está ya en su interior. Les gusta viajar y conocer otras culturas, aprender idiomas, relacionarse con las personas que conocen allí adonde van. Sus hogares están decorados con los objetos que van comprando en esos lugares lejanos. Son muy francos, tanto que a veces pueden decir algo que acaba ofendiéndote, pero no se lo tengas en cuenta, es su sentido de la sinceridad.
> **Puntos fuertes:** Es expansivo y entusiasta. Te contagia su vitalidad. Es un verdadero maestro, es comprensivo y sabe transmitir sus conocimientos.

> **Puntos débiles:** Es exagerado en sus expresiones y en su manera de hacer, incluso llega a ser imprudente y pedante. Es fanático y pretende imponerte sus creencias.
> **Profesiones:** Agente de viajes. Arqueólogo. Explorador. Maestro. Religioso. Jinete. Juez. Comercio exterior.
> **Cómo reconocer al adulto:** Siempre estará ávido de aprender algo nuevo y además te preguntará incisivamente acerca de todo: ¿de dónde vienes?, ¿adónde te diriges?, ¿has viajado?, ¿en qué países has estado?... Si Sagitario ha estado en el mismo lugar que tú querrá explicarte todas sus vivencias allí, y, de paso, te hablará de un campus universitario donde se imparten cursos muy interesantes.
> **Cómo reconocer al peque:** Sonrisa amplia, buen color en las mejillas y redondito. Está sentado en el jardín de su casa con su mascota y le está explicando lo que van a hacer. Acaba de leer un libro de aventuras y quiere hacer lo mismo que el protagonista de esa historia: cogerá su mochila, con su linterna, su brújula y su sombrero de explorador, y se encaminará hacia la parte posterior del jardín, subirá al árbol con su mapa del tesoro y empezará la aventura.

Personaje famoso
OSHO de Madhya Pradesh, India (11 de diciembre de 1931), Maestro espiritual indio.

Capricornio

Del 21 de diciembre al 20 de enero

> **Elemento**: Signo que corresponde al elemento tierra.
> **Casa**: La casa X es su casa natural.
> **Planeta**: El planeta que rige el signo de Capricornio es Saturno.
> **Símbolo**: El símbolo que lo representa es la cabra.
> **Físico**: Las partes del cuerpo físico que les corresponden son las rodillas y los huesos.

Ambiciosos por naturaleza, aplican el máximo esfuerzo para llegar a lo más alto. Por ello, se les acusa de ser muy terrenales y materialistas, aunque en realidad cuando llegan a la cima desarrollan su parte más espiritual. Aparentan más edad durante su juventud y tienen la suerte de parecer más jóvenes cuando son adultos. Se les da un exceso de responsabilidad durante la infancia, lo que hace que maduren mucho antes que el resto de los signos.

> **Puntos fuertes**: La paciencia es una de sus virtudes, así como la resistencia y la perseverancia. Es íntegro en sus actos y pensamientos. La ambición le hace conseguir todo aquello que se propone.

> **Puntos débiles**: Tiene una gran resistencia al cambio y le gusta seguir todas las normas, es poco flexible. Es tan pesimista que puede caer en una depresión. Es frío y distante, avaricioso y calculador.
> **Profesiones**: Director financiero. Contable. Administrador. Cómico. Anticuario. Agricultor. Político. Relojero.
> **Cómo reconocer al adulto**: Te recibirá con una gran seguridad en sí mismo, y con cierta distancia, aunque ya sabrá quien eres porque habrá pedido referencias tuyas antes de conocerte. Bajo esa apariencia un tanto altiva, descubrirás que tiene un excelente humor inglés, si le caes bien te comentará algo que te hará reír.
> **Cómo reconocer al peque**: ¿Has visto alguna vez a un adulto en miniatura? Ese el pequeño Capricornio, el que sabe siempre qué hay que hacer, que controla y se da cuenta de lo que sucede a su alrededor. Es igual si es el más pequeño, él siempre será quien domine la situación. Se te dirigirá muy educadamente y puedes pensar que lo hace así porque es obediente, y así será mientras él crea que es lo correcto. Pero si piensa que estás equivocado o le gritas sin motivo según él, oirás una voz que te dirá: «A mí no me chilles que ya te estoy oyendo. Por favor, háblame correctamente».

Personaje famoso
Pasqual Maragall (13 de enero de 1941), político, Barcelona (España).

Acuario

Del 20 de enero al 20 de febrero

> **Elemento:** Signo que corresponde al elemento aire.
> **Casa:** La casa XI es su casa natural.
> **Planeta:** El planeta que rige el signo de Acuario es Urano.
> **Símbolo:** El símbolo que lo representa es el aguador.
> **Físico:** La parte del cuerpo físico que le corresponde son los tobillos.

Es el más visionario e innovador de todos los signos, pues su gran intuición le lleva a imaginar y visualizar lo que puede pasar en el futuro. Pueden ser pioneros en emprender grandes negocios que a otros ni siquiera les han pasado por la cabeza. Su sentido grupal es muy importante, tienen muchos amigos en todos los lugares y estos provienen de todos los campos profesionales.

> **Puntos fuertes:** Es intuitivo y tiene una gran visión de futuro. Posee una mentalidad progresista y uno de sus principales valores es la amistad. Siempre encuentra nuevas fórmulas e inventos.
> **Puntos débiles:** Es un rebelde sin motivo aparente. Excéntrico y caótico. Puede dejarte con la palabra en la boca y marcharse. Puede actuar de forma brusca e inesperada y a veces contradictoria.
> **Profesiones:** Informático. Piloto de aviación. Astronauta. Astrólogo. Organizador de eventos. Terapeuta alternativo
> **Cómo reconocer al adulto:** Su apariencia física te llamará la atención porque hay algo extremadamente moderno que lo diferencia de la mayoría, algún mechón de color diferente, un pantalón muy llamativo... Estará rodeado por amigos, seguramente organizando una acción conjunta medioambiental o preparándose para «okupar» un edificio del barrio.
> **Cómo reconocer al peque:** Está sentado en el centro del garaje y tiene en sus manos el último juguete de moda. Lo ha desmontado y con todas las piezas está investigando cómo puede construir un cohete, porque está pensando en ir a la Luna. Sabe que algún día lo conseguirá. De repente, lo deja todo y va a conectarse a internet para buscar información.

Personaje famoso
Julio Verne (8 de febrero de 1828), visionario, Nantes (Francia).

Piscis

Del 20 de febrero al 21 de marzo

> **Elemento:** Signo que corresponde al elemento agua.
> **Casa:** La casa XII es su casa natural.
> **Planeta:** El planeta que rige el signo de Piscis es Neptuno.
> **Símbolo:** El símbolo que lo representa son dos peces que van en dirección contraria.
> **Físico:** La parte del cuerpo físico que le corresponde son los pies.

Los nativos de este signo se sacrifican mucho por los demás. Tienen una enorme intuición pero que solo es útil para los otros, ya que los Piscis suelen estar confundidos y les cuesta decidirse, de ahí viene el símbolo de dos peces que nadan en direcciones distintas. Poseen un talento natural para la música. Como son muy sensibles a la energía que tienen alrededor, es necesario que procuren estar en entornos positivos y que sepan retirarse y reponerse de vez en cuando.

> **Puntos fuertes:** Es muy abnegado, tiene un gran corazón y se muestra compasivo. Tiene talento artístico, especialmente con la música y la imagen. Tiene dotes psíquicas, de videncia y mediumnidad.

> **Puntos débiles:** Muchas veces no saben hacia dónde se dirigen. Son dispersos y con poca voluntad. Tienen tendencia a las adicciones y al autoengaño.
> **Profesiones:** Enfermero. Músico. Marinero. Publicista. Técnico de imagen y sonido. Curandero. Fotógrafo.
> **Cómo reconocer al adulto:** Si ves a alguien que está en las nubes y cuando te acercas sigue sin verte, ese es un piscis. Se pasa media vida soñando con lo que va a hacer y la otra media tratando de ayudar a los que tiene alrededor.
> **Cómo reconocer al peque:** Se ha encontrado un animalito en la calle y te pide, por favor, que hasta que no esté curado lo tengáis en casa. Más tarde te pedirá que no lo dejes de nuevo en la calle, no vaya a ser que le pase algo. Otro día le habrá dado su merienda a un amiguito y él se habrá quedado sin comer. Cuando esté en casa lo verás delante del televisor siguiendo el ritmo de la música con sus manos como si fuese el director de la orquesta.

Personaje famoso
Frederich Chopin (1 de marzo de 1810), músico, Zelazowa (Polonia).

Singularidades

Vamos a ver ahora cómo sería una misma profesión desarrollada por cada uno de los signos, por ejemplo, la medicina. Aries sería el neurólogo. Tauro, el otorrino. Géminis, el neumólogo. Cáncer, el médico de familia. Leo, el cardiólogo. Virgo, el dietista. Libra, el nefrólogo. Escorpio, el urólogo. Sagitario, el hepatólogo. Capricornio, el traumatólogo. Acuario, el homeópata. Piscis, el podólogo. ¿Por qué no le preguntas a tu especialista de qué signo es?

Y nos vamos de viaje

Escoge tu signo y búscate en la lista siguiente los amigos que te gustaría que te acompañasen en un viaje.

Aries

Cuando va de viaje es el primero en salir, el que lleva todos los artilugios para hacer deporte allí donde vaya, porque seguro que ya ha preguntado qué se puede hacer allí para estar activo: si hay pista de tenis, piscina, gimnasio...

Tauro

Le cuesta salir de viaje, es cómodo, así que si finalmente se decide irá relajadamente, buscará un lugar tranquilo, rodeado de naturaleza donde pueda descansar. Como además es un buen gourmet se habrá interesado en localizar los buenos restaurantes del lugar.

Géminis

Quiere visitar muchos lugares, así que no parará mucho tiempo en un mismo lugar y encima ya estará pensando en qué hacer al día siguiente. Leerá el periódico para ver si hay programada alguna conferencia o presentación de un libro en algún lugar cercano.

Cáncer

Difícilmente viajará solo, le acompañará alguien de su familia. No irá muy lejos por si acaso tiene que volver pronto a su casa, o tal vez vaya a la casa de otro familiar que hace tiempo que no ve.

Leo

Le gusta conducir, así que querrá ir en su coche que, además, será un estupendo modelo. Irá a un lugar que esté de moda en ese momento y muy bien acompañado, por supuesto.

Virgo

Planeará el viaje con tiempo y no dejará ningún detalle al azar. Llevará cualquier objeto que piense que pueda necesitar él mismo o quienes le acompañen. Todo lo apuntará en su libreta, que le acompaña a todas partes. Si quieres encontrarlo, estará pegado al guía escuchándole atentamente.

Libra

Irá acompañado por su pareja, su amigo o su socio, pero acompañado. Raramente viajará solo. Estará en un hotel muy exclusivo y le gustará visitar los museos de arte y las exposiciones.

Escorpio

Le gustarán los lugares donde pueda investigar o descubrir algo, algún país misterioso. Mientras viaja irá psicoanalizando a todas las personas que se encuentre por el camino. Tendrá presente la posibilidad de un encuentro sexual.

Sagitario

Es el signo más viajero, le gusta conocer otras culturas e integrarse en el país. Se apuntará a hacer algún curso o seminario que se imparta en el lugar a donde va. Si el destino es lejano, mucho mejor.

Capricornio

Si por fin puede dejar el trabajo, porque siempre está muy ocupado, viajará en primera clase y aprovechará bien el lugar adonde va porque de paso visitará una empresa con la que hará negocios más adelante.

Acuario

Irá con un grupo de amigos. Se han enterado de que hay un congreso de terapias alternativas y no se lo quieren perder. Llevará su portátil para poder ir enviando información al resto de amigos que no han podido asistir.

Piscis

Buscará un lugar romántico tal vez cerca del mar. Es posible que haya olvidado los billetes en casa o que se despiste del día de salida y aparezca en el aeropuerto el día que no es.

LAS CASAS ASTROLÓGICAS

Las casas astrológicas: los lugares

La casas astrológicas son doce y en cada una de ellas se sitúan diversos elementos interpretativos que nos van a dar la pauta de dónde suceden los acontecimientos que se generan en nuestra vida. Si se tratase de una obra de teatro, los signos serían los actores; los planetas, las acciones que realizan, y las casas, los distintos escenarios donde sucede todo.

El Zodíaco tiene 360 grados que, divididos entre los doce signos, dan que cada signo zodiacal tie-

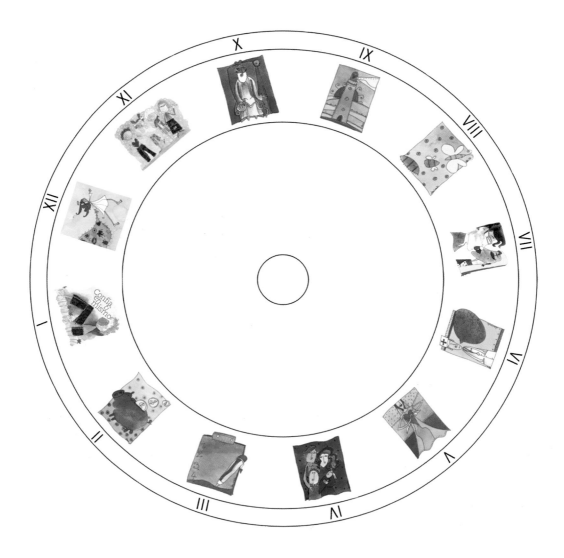

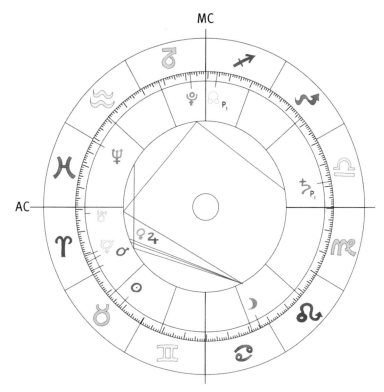

Persona nacida el 9.05.2011, a las 04:45 horas en Barcelona

ne un dominio de 30 grados. Esta es una proporción fija. Pero no ocurre lo mismo con las casas, aunque sean también doce. El arco de grados de cada casa varía en función de la carta natal y se determina a partir del ascendente.

Una misma casa puede contener en su dominio un único signo o varios en función de los grados que ocupe en la carta. Por ejemplo, si una casa tiene 30 grados puede contener un único signo (30 grados), o dos signos (20 grados de uno y 10 del otro, por ejemplo). Cualquier variable es posible en lo que se denomina *una cúspide*, que es el arco que ocupa en la carta una casa, como si fuera una puerta de entrada y otra de salida.

El gráfico anterior muestra la carta de una persona que tiene la casa I, o sea el ascendente, a 0 grados de Aries. Esta casa I tiene 41 grados, y contiene 30 grados de Aries, otros 11 grados de Tauro. En este caso, diríamos que la casa I tiene una cúspide que empieza en el signo de Aries y acaba a 11 grados de Tauro.

Cada casa tiene su opuesta de igual número de grados y que contiene los signos opuestos, en el caso del ejemplo diríamos que la casa VII que es la opuesta a la casa I tiene una cúspide que empieza a 0 grados de Libra (signo opuesto a Aries) y que la cúspide acaba a 11 grados de Escorpio (que es el signo opuesto a Tauro).

Si una casa acaba, como en el caso anterior a 11 grados de Tauro, la siguiente que corresponde a la casa le empieza a ese mismo grado de Tauro, y así todas las casas, donde una acaba la otra comienza.

Simbolismos de las 12 casas astrológicas

Casa I

> Es la casa que corresponde al ascendente.
> Casa natural del signo Aries.
> Representa todo el cuerpo físico en general.
> Es nuestra personalidad externa. La primera imagen que los demás perciben de nosotros. También es determinante en el modo en cómo empezamos todo aquello que hacemos.
> Parte del cuerpo que representa: la cabeza.

Casa II

> Casa natural del signo Tauro.
> Representa nuestros recursos materiales, económicos, y nuestra relación con el dinero. También todos aquellos talentos naturales que utilizamos para ganarnos la vida y, además, nos habla de nuestras posesiones y todo aquello que acumulamos.
> Parte del cuerpo que representa: garganta.

Casa III

> Casa natural del signo Géminis.
> Representa la comunicación en general y nuestro entorno inmediato que incluye a los vecinos. Son también los estudios primarios y los viajes cortos. Es la casa que corresponde a los hermanos.
> Parte del cuerpo que representa: pulmones y brazos.

Casa IV

> Casa natural del signo Cáncer.
> Representa el hogar de nacimiento y la familia de origen. También el hogar que hemos construido, donde vivimos. Esta casa corresponde a la familia en general.
> Parte del cuerpo que representa: estómago.

Casa V

> Casa natural del signo Leo.
> Representa el amor sin ataduras, el noviazgo. Es también la casa de la creatividad y de los *hobbies*. En la casa V también se encuentran las aficiones deportivas. Esta casa corresponde a los hijos, tanto naturales como adoptivos.
> Parte del cuerpo que representa: corazón.

Casa VI

> Casa natural del signo Virgo.
> Representa el trabajo obligado, que es aquel realizado por obligación o por necesidades económicas. También nuestros hábitos y nuestra salud. Aquí están los animales domésticos y los empleados. Esta casa corresponde a los tíos.
> Parte del cuerpo que representa: sistema nervioso.

Casa VII

> Casa natural del signo Libra.
> Es la casa de la pareja, y todas las relaciones en las que solo intervienen dos personas: médico-paciente, astrólogo-consultante, jefe-secretaria. Es la casa de los socios, de los clientes y de toda relación que conlleve una firma de papeles. Esta casa corresponde al matrimonio, a la pareja con papeles.
> Parte del cuerpo que representa: riñones.

Casa VIII

> Casa natural del signo Escorpio.
> Representa nuestro sentido de la transforma-ción. También las relaciones sexuales y todo aquello que está escondido u oculto. Nos habla de nuestros miedos. Esta casa es también el dinero del cónyuge. Corresponde al dinero que tenemos y que no proviene de nuestro trabajo, herencias, lotería, becas, donaciones...
> Parte del cuerpo que representa: órganos sexuales.

Casa IX

> Casa natural del signo Sagitario.
> Representa nuestra búsqueda de una filosofía de vida. Nuestros viajes al extranjero y, en ge-neral, cualquier viaje largo. También se refiere a nuestros estudios superiores. Nuestro sentido de la justicia en cuanto a ley divina, es decir, lo que creemos que es justo, que no tiene que ver con la ley humana.
> Esta casa corresponde a los cuñados y los nie-tos.
> Parte del cuerpo que representa: hígado.

Casa X

> Casa natural del signo Capricornio.
> Representa nuestra vocación, es decir, aquello para lo que estamos preparados. También nuestro sentido del deber y la responsabilidad. Nos habla de la sociedad con todas las normas. Esta casa corresponde a la relación con uno de nuestros padres.
> Parte del cuerpo que representa: rodillas y huesos.

Casa XI

> Casa natural del signo Acuario.
> Representa los deseos y proyectos que tenemos a lo largo de nuestra vida. También nuestro sentido de la amistad y nuestra proyección de futuro. Esta casa corresponde a las relaciones que tenemos con nuestros amigos.
> Parte del cuerpo que representa: tobillos.

Casa XII

> Casa natural del signo Piscis.
> Representa los meses en los que vivimos en el útero materno. También las largas enfermedades o las enfermedades crónicas. Se refiere a nuestro mundo onírico y espiritual. Nos habla de la relación con el inconsciente colectivo.
> Parte del cuerpo que representa: pies.

Singularidades

Los signos astrológicos, los viajeros que vimos en el capítulo anterior, nacen en un casa astrológica natural, que vendría a ser como su país. Dependiendo del ascendente que tengan es posible que un signo, en lugar de estar en su país de origen (Casa astrológica natural) se desplace a otro país, es decir, la casa natural de otro signo. Veamos qué pasaría en este caso.

En este gráfico están situados los signos en sus casas naturales.

Ahora veamos dos ejemplos.

El primer ejemplo, tiene ascendente Cáncer y su signo solar es Sagitario, que se ha desplazado a la casa VI, que es la casa natural de Virgo. Veremos entonces que el signo Sagitario ocupará la casa natural de Virgo y esto es lo que interpretaremos.

Sol (☉) en Sagitario (♐) en la casa del signo Virgo (♍), casa VI

Cuando viaje al extranjero se ocupará de mirar qué tipo de vacunas hacen falta. Si es posible pasará unos días en una ONG para ayudar y cuando vuelva hará un reportaje para explicarlo todo. Es decir, habrá unido las cualidades propias del signo Sagitario con las cualidades del signo Virgo, como estar pendiente de todo lo que hace falta.

El segundo ejemplo tiene ascendente Virgo (♍) y su Sol (☉) en Tauro (♉), que se ha desplazado a la casa de Sagitario, casa IX. Esto es lo que interpretaríamos:

☉ Sol en Tauro (♉) en la casa de Sagitario (♐), casa IX

Una vez que se ha decidido a viajar a ese lugar lejano, lo preparará con todos los detalles necesarios y los «por si» necesito esto o aquello. Además, añadirá todo aquello que usa habitualmente por si no lo encuentra en el lugar adonde va (café, té...). Es decir, la cualidad de Tauro de tener todas las cosas prácticas y controladas con las del viajero de Sagitario.

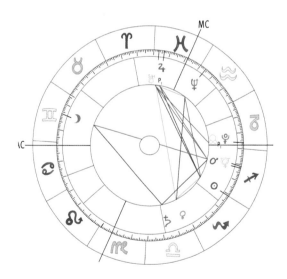

Carta de una persona que nació el 22.11.2010
a las 19:25 horas en Barcelona. (Ejemplo 1)

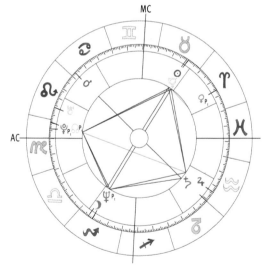

Una persona que nació el 30.04.1961
a las 14.45 h en Barcelona (Ejemplo 2)

Y nos vamos de viaje

Te vas a ir de viaje con tu planeta Venus, que es alegre, divertido, amoroso y que te va a pasear por tus doce casas astrológicas.

Venus en casa I

Antes de iniciar tu viaje, Venus quiere que estés estupendo, que te vean impecable.

Por lo tanto, te va llevar a la peluquería, a depilarte, a una sesión de rayos UVA, a hacerte un *peeling* facial, no importa si eres hombre o mujer porque eres presumido y te importa muchísimo tu aspecto físico.

Venus va a cuidar todos esos detalles.

Venus en casa II

Te va a proporcionar una buena cantidad de dinero para poder gastar en todos los caprichos que tengas, te llevará a que renueves tu vestuario y también tus complementos. Cogerás un avión en primera clase, e irás a un hotel de cinco estrellas. Una buena cartera es imprescindible.

Venus en casa III

Ya estás viajando. Todas las personas a las que te vas encontrando durante el recorrido son amables, educadas y atentas y te ayudan en todo lo que necesitas. Vendrá una limusina a recogerte al aeropuerto, te llevará al hotel y antes de entrar ya te darás cuenta de que el lugar es precioso.

Venus en casa IV

El hotel que has escogido es «la crème de la crème», un antiguo palacio real donde habitan sus antiguos propietarios, personajes de la realeza. Tiene decorados exquisitos y te instalas en la suite real.

Venus en casa V

Si has ido solo te encuentras con alguien que te va a gustar muchísimo, una persona de la élite, con una gran clase, que además te va a invitar y te hará regalos valiosos porque se ha quedado prendado de ti. Te sientes tan bien que, de repente, te vuelves creativo y empiezas a componer una canción.

Venus en casa VI

Todas las personas del servicio doméstico del hotel, incluidos camareros, barman y recepcionistas son extremadamente serviciales, siempre atentos a tu mirada y casi antes de que puedas pedir algo ya los tienes a tu lado atendiéndote.

Venus en casa VII

Te llevas a tu amor a un viaje sorpresa porque se te ha ocurrido organizarle una boda hawaiana con todo lujo de detalles para la ocasión, desde el vestido o traje hasta el anillo. Si todavía no tienes pareja, antes de volver del viaje la habrás encontrado.

Venus en casa VIII

La seducción está asegurada en este viaje. Si tienes pareja va a reconquistarte y si todavía no la tienes seguro que habrá alguien, allí, rondando con quien pasarás una velada íntima, romántica, regada con una copa de cava. No olvides la ropa *sexy*, la vas a necesitar.

Venus en casa IX

Estás en tu propia salsa viajando por un país exótico y conectando con todos los lugareños. Seguramente repites destino, porque ya habías estado allí el año pasado y una persona autóctona te había gustado muchísimo. Estás practicando el idioma porque estás pensando en tomarte un año sabático e instalarte allí.

Venus en casa X

Eres el director de tu propia empresa y ahora estás disfrutando del viaje en un ambiente tan selecto y propicio, que aprovechas para realizar contactos que más adelante van a serte de gran utilidad. Este viaje es casi una inversión en tu negocio, ya que conoces a personas importantes con las que vas negociando, te sientes afortunado.

Venus en casa XI

Durante la estancia en un lugar tan bello vas conociendo a personas que comparten gustos y aficiones. Las encuentras en eventos sociales, salidas nocturnas, exposiciones... y cada vez sientes más sintonía con ellas, así que decides que el próximo viaje os podíais ir todos juntos.

Venus en casa XII

Estás muy satisfecho de tu viaje, agradecido por todo lo que estás viviendo. Como tienes un gran corazón, y te han comentado que cerca de allí hay una asociación que ayuda a los inmigrantes, quieres dejar tu granito de arena y organizas una recolecta para poderles entregar un cuantioso cheque.

LOS PLANETAS

Los planetas: las acciones

Nuestro sistema solar está formado por una serie de planetas que giran alrededor del Sol. En este momento, desde la Tierra, donde nosotros nos hallamos, podemos ver nueve planetas. El concepto de «ver» es muy importante, porque la astrología solamente contempla aquella energía planetaria que es visible por el ojo humano desde la Tierra. Consideramos que esta es la energía que nos afecta.

Cada signo zodiacal tiene un planeta que lo rige. Antiguamente los astrólogos solo interpretaban siete planetas: Sol (☉), Luna (☽), Mercurio (☿), Venus (♀), Marte (♂), Júpiter (♃) y Saturno (♄), con lo cual había signos que compartían un mismo planeta regente.

Cuando en el año 1781 se descubre Urano (♅), se le adjudica esta regencia al signo de Acuario, que hasta ese momento compartía el planeta Saturno con el signo de Capricornio.

En 1846 se descubre Neptuno (♆) y se le adjudica al signo de Piscis, que compartía el planeta Júpiter con el signo de Sagitario.

Por último, en 1930, cuando se descubre Plutón (♇) se le adjudica a Escorpio, que compartía Marte con Aries.

Actualmente, aún hay signos que comparten regencia con un mismo planeta. Mercurio rige a Géminis y a Virgo, y Venus comparte regencia con Tauro y Libra. Los astrólogos creemos que los dos próximos planetas que se descubran, dependiendo del tipo de energía que desprendan, se adjudicarán uno a Virgo y el otro a Libra.

Cada planeta representa un tipo de energía distinto y cualquier acción que emprendemos tiene un planeta detrás que la motiva. Cuando los lleguemos a reconocer podremos convertirlos en nuestros aliados y beneficiarnos de su influencia.

Los planetas también se relacionan entre ellos, a veces de un modo amigable y otras veces más conflictivo.

Observatorio Astronómico Fabra, Barcelona

Sin embargo, un buen astrólogo puede encontrar una solución creativa para equilibrar ambos aspectos. Un exceso de facilidades puede ocasionar que la persona caiga en la comodidad, mientras que las relaciones conflictivas pueden llevarle a cambios positivos. Así que demos la bienvenida tanto a las facilidades como a las dificultades.

Los planetas pueden estar situados en su propio signo, lo que indica que están en su **domicilio** (fuertes); en el signo opuesto, que indica que están en **detrimento** (débiles); en un signo amigable, que indica que están en **exaltación,** (armónicos), o en el signo opuesto al de exaltación, que indica que está en **caída** (débiles).

En función de sus características astrológicas, los planetas se dividen en:

> **Planetas personales.** Son los que tienen un movimiento rápido y afectan más a nuestra individualidad: Sol, Luna, Mercurio, Venus y Marte.

> **Planetas sociales.** Su movimiento ya es más lento, y van más allá de nuestras necesidades individuales, son los que nos hacen vincular a la sociedad y buscar nuestro lugar en el mundo: Júpiter y Saturno.

> **Planetas transpersonales.** Su movimiento es mucho más lento y abarca toda una generación: Urano, Neptuno y Plutón.

En la astrología antigua, cuando todavía no se habían descubierto los tres planetas transpersonales, se dividían en:
> **Planetas benéficos:** Venus y Júpiter.
> **Planetas maléficos:** Saturno y Marte.
> **Planetas neutros:** Sol, Luna y Mercurio.

En la actualidad, y según mi particular visión de la astrología, se considera que dependerá de la relación existente entre ellos el que sean planetas benéficos o maléficos ya que pueden actuar en nuestro campo de conciencia para beneficiarnos o perjudicarnos. En ningún caso iremos del blanco al negro, sino que vamos a empezar a situar otras gamas de colores en medio.

A continuación, al mencionar los planetas, añadiré si está bien o mal aspectado. Cuando el planeta está bien aspectado indica que se lleva bien con otros planetas y, por lo tanto, desarrolla todo su potencial. Si está mal aspectado, quiere decir que tiene relaciones difíciles con otros planetas, por lo que su potencial quedará disminuido y el planeta estará debilitado. En el siguiente capítulo se desarrollan ampliamente las relaciones entre los planetas.

He incluido en cada planeta la piedra preciosa que le corresponde. Estudié en Delhi la utilización de las piedras según la astrología india Nadi. En India, la mayoría de personas llevan un anillo con su piedra personal, que debe tocar directamente a la piel. El día que la persona se la pone por primera vez se realiza un ritual, ya que cada piedra se tiene que poner un día determinado de la semana y en un dedo de la mano en particular. Es un elemento que sirve de ayuda para conseguir un objetivo, por ejemplo, casarse o mejorar en un empleo.

Hay que analizar muy bien la carta astral, porque hay piedras que podemos llevar siempre, ya que el planeta es totalmente benéfico, y en otras ocasiones el planeta es mixto, es decir, que puede favorecernos en un tema particular y perjudicarnos en otro. En este caso hay que llevarla solo un pequeño periodo de tiempo hasta conseguir el objetivo y luego cambiarla.

Las piedras se incluyen solamente en los planetas que usa la astrología india, que son: Sol, Luna, Mercurio, Venus, Marte, Júpiter y Saturno.

Conozcamos los planetas

Sol

Este planeta es el que todos conocemos. Es donde se haya nuestro signo solar, así, cuando decimos que somos virgo o capricornio es porque nuestro sol está allí situado.

Recorre cada signo durante 30 días y todo el Zodíaco en los 365 días del año.

Tiene su correspondencia con la casa V y su signo regente es Leo, su domicilio natural. Si está en el signo de Acuario, estará en detrimento; si está en Aries estará en exaltación, y tiene su caída en Libra.

Las partes del cuerpo físico que le corresponden son el corazón, los ojos y las arterias.

Representa tu **misión**, tu potencial interno, tu autoestima, tu creatividad, tu poder y lo que tiene valor para ti. También tu voluntad, la dirección que tomas en tu vida y todo aquello que quieres ser.

Es el principio masculino, la energía *yang*, tanto si eres hombre como si eres mujer. Habla de cómo te relacionas con las figuras masculinas de tu vida, por ejemplo, tu padre, tu hijo o tu pareja. Es el principio de la vida, por lo tanto, tiene relación con todas tus creaciones: tener un hijo, escribir un libro, una obra de teatro, una composición musical o montar una empresa...

Tiene relación con la vitalidad de la persona a nivel físico y con su instinto de superación a nivel espiritual.

Bien aspectado

Si está bien aspectado aporta disciplina, voluntad para hacer aquello que queremos, valorarnos a nosotros mismos, poder personal delante de los demás, y la suficiente confianza para conseguir nuestros propósitos.

Mal aspectado

Indica falta de voluntad, no somos capaces de encontrar un camino adecuado para lograr nuestras metas. Falta de decisión por no saber si somos adecuados o no. Falta de motivación y de interés. Se tiene una salud delicada.

Piedra preciosa

Rubí. Color rojo, el domingo será el primer día que hay que ponérsela y en el dedo anular.

Arquetipo mitológico

Helios. Se le considera el dios Sol porque proporciona luz y calor. Era hijo de los titanes Hiperión y Tea, y siempre iba acompañado por sus hermanas, Selene (Luna) y Eos (Aurora). Tenía un escudo protector y se le reconocía por su belleza. Era fuerte, arrogante, y ostentaba mucho poder, atravesaba el cielo durante el día con un carro de cuatro caballos y por la noche desaparecía. Esto mismo es lo que hace el planeta Sol.

Luna

Tarda 28 días en recorrer todos los signos, y suele estar de dos a tres días en cada signo.

Es el planeta que rige el signo de Cáncer y la casa IV. Se haya en detrimento en el signo de Capricornio, exaltado en el signo de Tauro y en caída en el signo de Escorpio.

Las partes del cuerpo físico que le corresponden son la piel, el estómago, los senos y los fluidos corporales.

Representa tu **emoción**. La Luna registra en tu memoria todos los acontecimientos emocionales que transcurren en tu vida, especialmente en la infancia, y luego cuando algo te sucede que te afecta emocionalmente va a ese archivo, lo recuerda, y lo transforma en una emoción actual.

Es muy influenciable delante de las emociones de los demás y también es receptiva, ya que absorbe lo que las otras personas sienten. Está relacionada con nuestro *ying*, el principio femenino, así que habla de cómo te relacionas con todas las mujeres de tu vida, tu madre, tu esposa y la familia en general.

Tiene relación con todo lo que sucedió en nuestro hogar, con la convivencia con nuestros padres, qué sentíamos cuando estábamos allí y qué sentiremos cuando tengamos nuestra propia vivienda. Es nuestra relación con el público en general.

Bien aspectado

La Luna bien aspectada es un indicativo de una persona cálida, que cuida de los demás, que les protege, que tiene un sentido maternal bien desarrollado, con una gran sensibilidad emocional y que comprende a los otros.

Mal aspectado

Los malos aspectos con la Luna hacen que nos sintamos víctimas, que estemos en la queja constante. La sensibilidad se vuelve hipersensibilidad y nos provoca inestabilidad emocional.

Piedra preciosa

La piedra que le corresponde es la perla o la piedra luna. El día que hay que ponérsela es el lunes y en el dedo anular.

Arquetipo mitológico

A la diosa lunar se le dan gran variedad de nombres, igual que la Luna, que tiene diferentes fases. Uno de estos nombres es Selene, una diosa de gran belleza pero muy recelosa de su intimidad y que no se deja ver fácilmente. Podría compararse con la fase de Luna nueva, que es cuando es invisible a nuestros ojos. También se la conoce como Hécate, diosa que simboliza la profundidad de la noche y el lado oculto de la Luna, era la protectora de las brujas y eran famosos sus rituales.

Mercurio

Recorre todo los signos durante un año aproximadamente.

Es el planeta regente de Géminis y Virgo, casas III y VI, respectivamente. Se halla en detrimento en

Sagitario y Piscis, exaltado en Acuario y en caída en Leo.

Las partes del cuerpo físico que representa son el sistema nervioso y el respiratorio.

Representa tu **mente racional**, tus pensamientos, tu parte más analítica, y cómo te comunicas, especialmente con las personas más próximas.

El entorno inmediato, los vecinos, los hermanos, los primos, la primera escuela a la que asistimos. Nuestro nombre propio y los apodos que tengamos. Todos nuestros escritos y la correspondencia que realizamos a lo largo de nuestra vida.

Como regente de Géminis su función es comunicar sin necesidad de analizar, simplemente se trata de pasar la información de un lugar a otro, de un interlocutor al otro.

En cambio, como regente de Virgo, la función de comunicar parte del análisis de la información, por lo que transmite solo la parte que considera útil.

Bien aspectado

Este planeta, bien aspectado, potenciará que la persona buena conversadora, sea una hábil comerciante y que posea talento para la escritura. También propicia las buenas relaciones con el entorno y con los hermanos, y favorece los estudios.

Mal aspectado

La mente, en lugar de ser brillante, es quisquillosa. La persona no es honesta y no se puede creer en su palabra.

Superficialidad en el trato y posibilidad de engañarte en su propio beneficio.

Piedra preciosa

La piedra que le corresponde es la esmeralda. El día de la semana, el miércoles, y el dedo, el meñique.

Arquetipo mitológico

Hermes. Era hijo de Zeus y de Maya, conocido como el dios del comercio. Era muy popular porque traducía todos los mensajes de los dioses y era un gran conocedor de todo lo oculto. Su capacidad de imitar a los otros dioses, especialmente al Sol, le hace tener muchas habilidades y ser apreciado por unos y otros, lo que le permite estar cerca de ellos y así aprovechar todas sus cualidades como intermediario.

Venus

Recorre todos los signos en aproximadamente un año, unos días más o menos, ya que está en cada signo entre veinte y treinta días.

Venus es el planeta regente de dos signos: Tauro y Libra, casas II y VII, respectivamente. Tiene su detrimento en Escorpio y Aries, su exaltación en el signo de Piscis y su caída en Virgo.

La parte del cuerpo físico que representa es la garganta.

Representa tu forma de **amar**, tu relación de pareja, tu relación con los socios, y todas las relaciones de tú a tú, es decir, entre dos personas. Todo lo que te gusta y te produce placer.

Venus rige nuestra parte más material. Indicará si nos vamos a ganar bien la vida, y si nos la podemos ganar con algún don o talento natural que poseamos. Nos habla de las relaciones personales, de si nos vamos a llevar bien con los demás o si vamos a tener alguna dificultad a la hora de relacionarnos.

En general, Venus habla de nuestros valores en la vida y de nuestro sentido artístico. También de nuestra belleza externa, de nuestro sentido de la estética, de si nos mostramos agradables y simpáticos. Tiene que ver con nuestro sentido de la justicia en cuanto a medir lo que es correcto y lo que no en función de nuestros propios valores.

Bien aspectado

Venus otorga un exquisito sentido de la estética tanto a nivel personal, sabiendo elegir vestuario y complementos, como en la decoración de los lugares donde se habita.

Sociabilidad, agradable en el trato, y una gran capacidad de unir a las personas, pues es capaz de dar paz y armonía. Ecuánime y con sentido de la justicia.

Mal aspectado

La necesidad de placer será desmesurada, se despilfarra el dinero. Prejuicios sobre los demás. Narcisismo y vanidad. Pereza e indolencia. Da personas clasistas.

Piedra preciosa

La piedra preciosa que le corresponde es el diamante. El día de la semana que hay que ponérselo, el viernes, y en el dedo anular.

Arquetipo mitológico

Afrodita. Diosa del amor y la belleza. Se representa dentro de una concha que surge del mar, ya que era hija del Mar y el Cielo. Su intensidad para enamorar era uno de sus atributos. Tuvo muchos amantes, entre ellos Marte, dios de la guerra; Hermes (Mercurio); Baco, y otros muchos también del mundo de los mortales. Sufría con sus romances y traiciones, pero seguía amando intensamente. Su hijo Cupido es bien conocido como el dios del amor.

Marte

Recorre aproximadamente cada dos años todo el Zodíaco, y está entre un mes y mes y medio en cada signo.

Es el planeta que rige a Aries y la casa I. Tiene su detrimento en el signo de Libra y Tauro, su exaltación en el signo de Capricornio y su caída en el signo de Cáncer. Es el corregente de Escorpio.

Las partes del cuerpo físico que le corresponden son la musculatura y la nariz.

Representa tu **motivación**, todo lo que hace que te movilices y actúes, ya sea un proyecto o un deseo. Marte es el responsable de que puedas andar, sin él no podrías hacerlo.

Está relacionado con tu energía sexual, con tu capacidad de luchar para conseguir tus objetivos, y te hace ser valiente y decidido. Cuando emprendes una iniciativa lo haces con coraje y con mucho dinamismo. Es el aspecto más viril en cuanto a conquista y en cuanto al deseo de triunfar, como si todo en la vida fuese una batalla que ganar.

Bien aspectado

Nos da poder de decisión y de actuación ante cualquier enfrentamiento o problema que se nos plantee. También valor, iniciativa, y vitalidad. Te hace ser emprendedor en lo que haces.

Mal aspectado

Imposición del deseo a la fuerza. Aporta imprudencia, temeridad y violencia física. Nos hace actuar sin pensar en las consecuencias.

Piedra preciosa

La piedra preciosa que le corresponde es el coral rojo.

El día de la semana que hay que ponérsela es el martes y el dedo, el meñique.

Arquetipo mitológico

Ares. Hijo de Júpiter y Hera, es el dios de la guerra. Se representa como un guerrero siempre a punto de solucionarlo todo por la fuerza, con una espada en la mano y subido en un carro que lleva una ruedas con aspas, siempre preparado para la batalla. De su unión con Afrodita nace la diosa Harmonía, lo que da a entender que de la unión del amor y la guerra puede nacer el entendimiento.

Júpiter

Recorre todo el Zodíaco aproximadamente cada doce años, lo que indica que suele estar alrededor de un año en cada signo.

Rige el signo de Sagitario (Casa IX) y es el corregente de Piscis. Está en detrimento en Géminis, exaltado en Cáncer y en caída en Capricornio.

Las partes del cuerpo físico que le corresponden son el hígado y las caderas.

Representa tus **creencias**, el tipo de filosofía de vida que quieres llevar. La mente superior, en cuanto a tu unión con la tierra y lo divino.

Júpiter también representa la justicia, pero ya no es una justicia humana como la de Venus, sino una justicia divina que va más allá de lo que está bien o mal en la condición humana. Nos da inspiración y nos conecta con nuestra parte divina interior.

Está relacionado con el extranjero, los estudios superiores y los viajes a países lejanos.

Bien aspectado

Otorga una gran sabiduría y un gran conocimiento de las leyes divinas. La abundancia en el más amplio sentido de la palabra, no solo la riqueza económica sino también la sensación de querer ser prósperos y de tener muchos valores internos.

Mal aspectado

Nos da una exageración en todos los sentidos. Nos lleva a idealizar metas que son inalcanzables. A ser fanfarrones y ostentosos. A mentir en nuestras cualidades y conocimientos. Da falsos gurús.

Piedra preciosa

La piedra preciosa que le corresponde es el zafiro amarillo.

El día de la semana es el jueves y el dedo en que lo colocaremos es el índice.

Arquetipo mitológico

Zeus. Era el rey de los dioses del Olimpo, y como tal ejercía el máximo poder sobre el resto de los dioses. Para ocupar esta posición se enfrentó con su padre Cronos (Saturno) quien, temeroso de que le arrebatasen el trono, se comía a todos su hijos en cuanto nacían. Pero cuando nació Zeus, su madre engañó a Cronos y le dio una piedra en su lugar para que se la comiese. Fue así como Zeus pudo crecer y utilizar su sabiduría para derrotar a su padre.

Saturno

Recorre el Zodíaco aproximadamente entre 29 y 30 años, y permanece entre dos y tres años en cada signo.

Es el planeta que rige Capricornio, casa X, y es corregente de Acuario. Está en detrimento en Cáncer, exaltado en Libra y en caída en Aries.

Las partes del cuerpo físico que rige son los huesos, las rodillas y el oído.

Representa tu **limitación**. Es el planeta que simboliza los límites que tú mismo te impones por seguir la estructura y las normas que rigen en la sociedad. Es el que decide qué se tiene que hacer, imponiendo una serie de normas que hay que seguir y respetar.

Representa a la sociedad que está plagada de obligaciones y responsabilidades por el bien común. Saturno es el responsable de que tú las cumplas a rajatabla.

Se le llama el maestro porque te premia cuando aprendes la lección y te castiga si no la has aprendido, retrasando o impidiendo que consigas lo que quieres.

Bien aspectado

Te ayudará a tener disciplina, ser ordenado y metódico. También a ser responsable de todos tus actos. Otorga paciencia y perseverancia.

Mal aspectado

Indica que eres tacaño en general, tanto a nivel económico como en las relaciones, ya que puedes ser frío y distante. Puede dar pesimismo y hasta depresión. Retrasos en todos los planes.

Piedra preciosa

La piedra preciosa que le corresponde es el zafiro azul.

El día de la semana es el domingo y el dedo en que lo colocaremos es el índice.

Arquetipo mitológico

Cronos. Era hijo de Caos (Urano), el Cielo, y de Gea, la Tierra, y era conocido como el padre del Tiempo. Igual que hizo su hijo Zeus con él, Cronos quitó el reino a su padre Caos y este le predijo que algún día uno de sus hijos le haría lo mismo a él. Este proceso viene a decir que todo tiene su tiempo. Caos era el desorden, Cronos imponía las normas necesarias en ese momento, muy restrictivas, y Zeus restableció de nuevo un orden pero desde la expansión, sin esa rigidez que imponía Cronos (Saturno).

Neptuno

Recorre todo el círculo del Zodíaco aproximadamente en 165 años, por lo que tiene una media de permanencia por signo de entre once y doce años.

Es el planeta que rige Piscis y la casa XII. Está en detrimento en Virgo, en exaltación en Leo y en caída en Acuario.

La parte corporal física que le corresponde son los síntomas extraños, las enfermedades de difícil diagnóstico.

Representa tu **espiritualidad**, el contacto con el mundo intangible, con todo aquello que no se puede percibir a simple vista. A Neptuno no le gustan los límites y siente el deseo de fundirse en aras de la comunidad, por lo que suele sacrificarse por los demás.

En otras ocasiones defiende las causas que ya están pérdidas, o defiende situaciones o personas que no se lo merecen. Neptuno, que vive en un mundo casi irreal, imaginario, no entiende de situaciones del día a día. Nuestros sueños, nuestros deseos inconfesables están ahí escondidos.

Bien aspectado

Siente una inmensa empatía hacia el ser humano, una inmensa compasión. Es un romántico empedernido, con un don natural para la música. Te sientes conectado con el universo, te eleva tu espíritu.

Mal aspectado

Da adicciones de todo tipo. Conlleva una pérdida de contacto con la realidad, y favorece las mentiras, intrigas y engaños.

Arquetipo mitológico

Poseidón. Dios de los mares y las aguas, era hermano de Zeus (Júpiter) y de Hades (Plutón). Cuando Zeus se repartió con sus hermanos los tres reinos (Cielo, Mar e Infierno), a Poseidón le tocó el reino de los mares, pero sintió siempre que había tenido mala suerte en este reparto. Por ello, cuando su estado de ánimo era positivo ayudaba a todos los seres que habitaban en su mundo. Sin embargo, cuando se sentía contrariado les enviaba monstruos marinos.

Urano

Su recorrido le hace volver a su punto de partida aproximadamente a los 83-84 años, lo que indica que suele permanecer en cada signo alrededor de siete u ocho años.

Es el planeta que rige Acuario y la casa XI. Está en detrimento en Leo, en exaltación en Escorpio y en caída en Tauro.

Representa tu **libertad** en todos los aspectos de tu vida, en los que no quieres sentirte limitado. Es también el representante de nuestra forma de ser fuera de todo protocolo establecido. Suele provocar cambios inesperados que rompen todo tipo de estructuras. Tiene una intuición muy desarrollada que le lleva a predecir lo que tiene que acontecer, lo que favorece que tenga ideas avanzadas a su tiempo.

Bien aspectado

Indica talento para la inventiva, alguien que suele hacerlo todo de forma única y original. Nos habla de una personalidad magnética, intuitiva y con facilidad para la telepatía.

Mal aspectado

Causa caos a su alrededor, y se rebela sin causa justificada. Puede llegar a dar una persona marginada e inadaptada, fuera del circuito social.

Arquetipo mitológico

Caos. Era el dios de los Cielos y estaba casado con Gea, la Tierra. Representa la primera fuerza creadora del Universo, sin ningún orden establecido. La leyenda cuenta que ambos leían el futuro y que Caos predijo que uno de sus hijos le arrebataría el trono, y así sucedió. Saturno luchó con él y le arrebató el reino. Una de las cualidades de Urano es predecir lo que va a suceder.

Plutón

El planeta Plutón tarda en recorrer todo el Zodíaco alrededor de 252 años, y permanece en cada signo entre doce y dieciocho años.

Rige el signo de Escorpio y la casa VIII. Está en detrimento en Tauro.

La parte física que representa son los órganos sexuales.

Representa la **transformación** y todo lo relacionado con la muerte. Se trata de un resurgir como un ave fénix habiéndolo transformado todo. Elimina todo lo que ya no es útil y recicla lo que se puede utilizar de nuevo. Saca a la luz todo lo que estaba escondido u oculto para así poder sanarlo y rehabilitarlo.

Simbólicamente, Plutón es el poder de evolución del ser humano y se le asocia con la psique, la psicología.

Bien aspectado

Indica dotes naturales para psicoanalizar a los demás. Da una persona carismática, seductora y con capacidad de autosanarse y de resurgir renovado de cualquier problema que le surja.

Mal aspectado

Da una personalidad capaz de manipular a quien sea para conseguir sus objetivos. También alguien vengativo y fuera de control, posesivo y maquiavélico.

Arquetipo mitológico

Hades. Dios de los infiernos, hijo de Cronos y Rea. Cuando Zeus venció a su padre, Cronos (Saturno), y repartió los reinos entre sus hermanos, a Hades le tocó el mundo de los Infiernos. Hades raptó a la diosa Perséfone, hija de Deméter, reina de la Tierra. Al perder a su hija, Deméter se entristeció tanto que hizo que nada floreciese en la Tierra y que todo se secase. Perséfone acabó enamorándose de Hades y sintiéndose a gusto con el poder que le daba ser la reina de los Infiernos, pero para que la Tierra volviese a ser lo que era pactaron que Perséfone volviese a ella cada primavera desde el reino de los Infiernos.

Y nos vamos de viaje

Qué harían tus planetas por ti si planeas un viaje...

Sol

Quiere ir a lugares excelentes, los mejores posibles: buenos restaurantes, hoteles lujosos... No le importa lo que tenga que pagar por ello mientras sea lo mejor de lo mejor. El Sol te hace lucir radiante, comprarte ropa cara, billetes en primera clase, vivir como un rey o una reina. Llevará una maleta de marca, un reloj exclusivo y gafas de sol a la última moda.

Luna

Según el estado emocional que sienta en ese momento decidirá si va a viajar o no. Querrá ir acompañada, porque no le gusta nada la soledad.

Te llevará a un sitio muy romántico desde donde contemplar la luna llena para inspirarse y ofrecerte lo mejor de sí misma. Puede hacerte cambiar de humor muy rápidamente si notas que el resto de viajeros no te está cuidando suficientemente.

Mercurio

Se ocupará de que tengas todos los papeles en regla: pasaporte, billetes, bonos del hotel. También de que todo el mundo sepa donde estás, se lo habrás dicho a la secretaria, al jefe, a la familia. Habrá escogido el medio de transporte principal y sabrá todas las posibles combinaciones por si cambias el recorrido del viaje.

Venus

Con su gusto refinado, exquisito y muy armónico, elegirá un hotel con encanto, donde podrás deleitarte con unos estupendos ágapes y disfrutar del *spa* en el que harás un tratamiento de belleza. Si tienes pareja, Venus hará que te acompañe y que paséis por la joyería para comprar algún diamante carísimo y exclusivo. Si no tienes pareja, vas a disfrutar por ti mismo de todos estos placeres. Con Venus estarás en el séptimo cielo.

Marte

Necesita acción y aventura. Buscará allí donde vayas alguna actividad deportiva para mover tus músculos. Si hay algún gimnasio en el hotel, te encaminará hacia él. Marte te pide marcha.

Si has estado demasiado tiempo tumbado en la piscina ya estará inquieto y te pondrá en acción. Es posible que busque compañía, porque necesita una buena relación sexual esa noche.

Júpiter

Te va a marear por los múltiples proyectos que tiene en mente. Lo quiere todo, así que pensará en un país y después en otro, querrá aprovechar el viaje para realizar un curso, deseará permanecer más tiempo en el país elegido finalmente, y seguro que encuentra a algún lugareño que le invita a pasar unos días en su casa.

Saturno

Te lo va a poner difícil si es que no tienes una buena cuenta corriente. Te dejará gastar dinero siempre y cuando sigas manteniendo una cantidad de dinero ahorrada. Tus responsabilidades laborales tienen que estar también cubiertas y bajo control para que te permita irte de vacaciones. Una vez lo ha decidido, te hará viajar con mucha tranquilidad. Todo está resuelto y bajo control.

Urano

Estás en casa, tranquilo, y de repente te viene la idea de coger las maletas e irte al aeropuerto. Ver

los vuelos que salen en ese momento y coger sin más uno de ellos. Enseguida entablas conversación con la persona que tienes a tu lado sentada y da la casualidad que se dirige a la misma ciudad que tú has elegido.

Os hacéis amigos y te invita a pasar unos días en su casa.

Neptuno

Mientras oyes música plácidamente en casa viendo un vídeo sobre una ONG, empiezas a imaginarte lo que sería estar allí: hueles los campos, oyes los pájaros... Empiezas a sentir una inmensa compasión por toda esa gente y te dices: «¿Cómo voy a quedarme aquí sin hacer nada? Sin embargo, al día siguiente, otra vez inmerso en tu día a día, piensas: «Algún día iré».

Plutón

Cambiará todos tus planes porque siente que hay que renovarse o morir. Así que si pensabas ir a tu ciudad preferida, Plutón te va a seducir diciéndote que hay otro lugar que es mucho mejor, más misterioso, que todavía no has visitado. ¿Cómo te lo vas a perder? Te hará cambiar el billete, pedir un visado, si tenías previsto viajar en verano irás en invierno... Te lo va a cambiar todo.

Las relaciones planetarias

En astrología se denomina *aspectos* a las relaciones que tienen los planetas entre sí. Los planetas pueden ser «amigos» o «enemigos» entre ellos. Las relaciones planetarias se miden según el margen de grados que hay entre un planeta y otro, con independencia de en qué signo zodiacal se encuentren.

Los aspectos más importantes que tener en cuenta en la carta astral son:

Conjunción ☌

Cuando dos o más planetas se encuentran juntos, a una distancia de entre 0 y 8 grados. Por ejemplo: el Sol está a 0 grados de Aries y Mercurio está a 8 grados de Aries. Otro ejemplo sería que ese Sol siguiera estando a 0 grados de Aries y Mercurio estuviese a 22 grados de Piscis, que es su signo anterior. En este caso, la distancia máxima es igualmente de 8 grados aunque los planetas estén en diferentes signos.

El aspecto de conjunción indica que hay energías planetarias en contacto. Cada una de estas energías quiere ejercer el control en el lugar donde se encuentran.

Si los planetas implicados son «amigos» se tratará de un aspecto benéfico. Si son «enemigos» van a luchar por su supremacía y esta situación creará una dificultad.

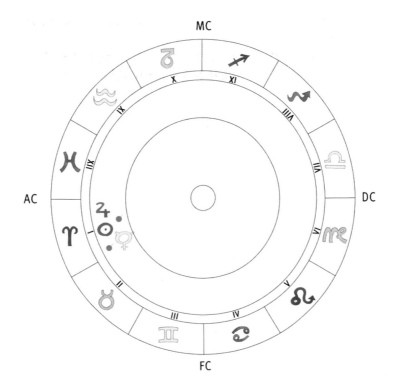

Sextil ✳

La relación de los planetas en sextil es benéfica. La distancia entre los dos planetas será de 60 grados, con una diferencia máxima de más o menos 6 grados entre uno y otro. Es decir, los planetas implicados pueden estar a 60, 54 o 66 grados.

El aspecto de sextil indicará que tienes un talento de habilidad y creatividad.

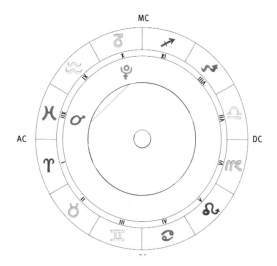

Cuadratura ☐

La relación de los planetas en Cuadratura es de las llamadas maléficas. La distancia entre los planetas es de 90 grados, con una diferencia de más o menos 8 grados.

El aspecto de cuadratura indica conflicto. Hay un bloqueo de energía y ambos planetas intentan conseguir el triunfo, pero trabajan cada uno de ellos de forma individual, lo que contrarresta la fuerza y debilita la consecución del logro.

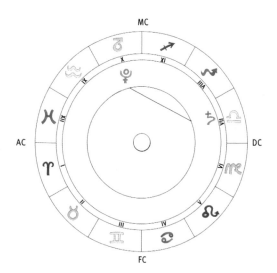

Trígono △

La relación de los planetas en trígono es benéfica. La distancia entre ellos es de 120 grados, con una diferencia de más o menos 8 grados.

Se considera un aspecto muy benéfico, que favorece los talentos naturales de la persona y le ayuda a expresarlos tanto interna como externamente.

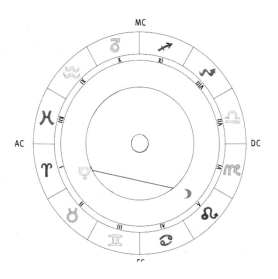

Oposición ⚬

La relación de los planetas en Oposición es maléfica. La distancia entre ellos es de 180 grados, con una variación de más o menos 8 grados.

El aspecto de oposición indica dificultad. Los planetas están enfrentados, uno frente al otro, con lo que podemos sentir que son los demás quienes nos bloquean en nuestra vida. En realidad, nos están haciendo de espejo para que podamos ver nuestros propios errores.

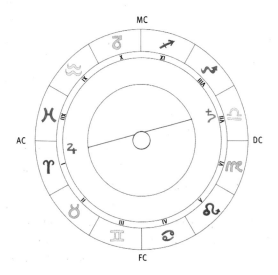

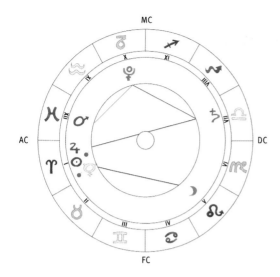

En el ejemplo del gráfico superior vemos:

> **Conjunción:** ☉ ♃, Sol en conjunción con Júpiter. Este es un aspecto benéfico, ambos planetas son amigos. Esta configuración astral dará lugar a una personalidad generosa, expansiva y abierta.

> **Sextil:** ♂ ♇, Marte en sextil con Plutón. Ambos planetas son amigos, con lo que esta relación fortalece nuestra capacidad de acción y regeneración.

> **Cuadratura:** ♇ ♄, Plutón en cuadratura con Saturno. Esta relación es de las llamadas maléficas, lo que indicaría que, por un lado, somos reformadores (Plutón) y, por otro, estamos pegados a las normas (Saturno). Esta situación bloquea nuestra energía creando un conflicto a la hora de actuar.

> **Trígono:** ☿ ☽, Mercurio en trígono con Luna. Ambos planetas son amigos y además están en una relación benéfica. Sabremos expresar (Mercurio) nuestros sentimientos (Luna) de forma agradable y simpática.

> **Oposición:** ♃ ♄, Júpiter en oposición a Saturno. Esta es una relación de las llamadas maléficas. Hay un bloqueo de energía que nos crea conflicto, porque la expansión de Júpiter está limitada por las normas que impone Saturno.

A pesar de que las relaciones entre los planetas se denominen benéficas o maléficas, en ocasiones los aspectos benéficos nos acomodan a una situación que nos impide avanzar y, en cambio, hay relaciones maléficas que al crearnos un conflicto nos mueven a la acción y a la resolución de un problema.

Si en tu carta tienes un aspecto conflictivo tienes que reconocerlo y saber que es una energía que te bloquea y que te impide la acción; tienes que aceptarlo y reconocer los síntomas que provoca en ti, y, finalmente, transformarlo para que lo que en principio era una dificultad acabe siendo una oportunidad.

Singularidades

Cuando los planetas Marte y Venus están juntos en un mismo signo provocan dos efectos: uno de ellos nos beneficia y el otro nos perjudica.

Cada uno de estos planetas representa una energía totalmente opuesta: Venus es el amor, la armonía, la unión y el acuerdo, y Marte representa la guerra, la individualidad, la acción y la independencia. Al estar juntos estos planetas, la persona sentirá una dualidad hacia la gente que le rodea y pasará de un momento al otro del quiero estar contigo al quiero estar solo. Este es un aspecto maléfico porque te hace estar mal y se comprende fácilmente que es difícil convivir con este aspecto.

Sin embargo, esta misma conjunción Venus-Marte nos aporta un aspecto benéfico, ya que da personas con un talento creativo extraordinario para el arte en general: pintores, fotógrafos, dibujantes, arquitectos, etcétera.

Si la persona reconoce esta conjunción sabrá cómo dominar el aspecto maléfico y cómo potenciar el benéfico. Es decir, podrá explicar su comportamiento afectivo a quienes tiene a su alrededor para que lo comprendan, y poner más energía en su personalidad creativa, lo que hará que se sienta mejor y le ayudará a transformar esa energía que le inquieta.

En el caso de la conjunción, para saber si los planetas implicados son amigos o enemigos, dato que nos dará si el aspecto es benéfico o maléfico, tendremos que ver cuál es la característica de los planetas.

Si se trata de dos planetas de los llamados benéficos naturales, como son la Luna y Venus, la relación entre ellos daría como resultado una persona con facilidad para ganarse la vida y la simpatía de la gente.

Si fuera entre la Luna y Saturno, sería una relación maléfica, ya que indicaría una persona con tendencia a la depresión y al pesimismo. Saturno enfría la emoción de la Luna y hace que todo cueste muchísimo esfuerzo.

Esta sería la interpretación en la astrología clásica. En mi experiencia como astróloga evolutiva he comprobado que las relaciones planetarias tienen una lectura añadida. Hay que analizar las dos caras de la moneda.

Un aspecto benéfico, como el de Luna con Venus, como que facilita todo a la persona puede hacer que esta se acomode a la situación de que todo le resulta fácil y se vuelva perezosa e indolente.

Con un aspecto maléfico o conflictivo, como el que da la Luna con Saturno, como a la persona le cuesta todo mucho esfuerzo, acaba convirtiéndola en alguien muy responsable y profundo.

Dependerá del libre albedrío y del trabajo personal de cada uno el que se vaya puliendo cada uno de estos aspectos para sacar el máximo partido a la información obtenida a través de la carta natal.

Y nos vamos de viaje

Vamos a ver qué lugares de destino elegirían nuestros signos viajeros, según tuvieran un aspecto planetario u otro. Si eres de un signo al que le ha tocado un mal aspecto, no me lo tengas en cuenta, quiero a todos los signos por igual. He seguido el orden de los aspectos: conjunción, sextil, trígono, cuadratura y oposición.

Aries lleva consigo a Marte, su planeta regente, y este tiene una conjunción ☌ con el Sol. Ambos planetas se ayudan y te dan valentía y deseo de aventura. Así que tú, guerrero ariano, te irás de viaje a la selva amazónica.

Tauro va acompañado de Venus, su regente, y este hace un sextil ⚹ con la Luna en Cáncer. Estas dos energías son positivas y se ayudan, dándote deseos de confort, tranquilidad y cuidados. Por lo tanto tú, amable taurino, escogerás un balneario muy conocido y situado en la misma zona donde residas.

Géminis irá con su regente Mercurio, que hará un aspecto de trígono △ con Júpiter en Acuario. Las dos energías son amigas y te motivarán a ir a una ciudad lejana en la que puedas visitar numerosas exposiciones. Así que tú, inquieto geminiano, te irás de viaje a Nueva York.

Cáncer está con la Luna, su planeta regente, que está enfadada porque tiene un aspecto de cuadratura □ con Saturno. Esta energía bloqueada te hace sentir apático, casi deprimido, y sin ganas de viajar, y además tienes una responsabilidad familiar. Así que tú, sensible canceriano, decides irte a tu pueblo de vacaciones.

Leo tiene a su Sol en oposición ✆ con Urano en Acuario. Se trata de un aspecto conflictivo donde el individualismo del Sol prevalece sobre la opinión de los demás. Quieres irte de vacaciones por tu cuenta, pero tus amigos no entienden esta decisión. Así que tú, egocéntrico Leo, coges un billete de última hora y te vas a California sin decírselo a nadie.

Virgo se lleva a Mercurio, su planeta regente, que va encantado de ir con Plutón en conjunción ☌. Este aspecto aumenta tus deseos de aprender e investigar. Así que tú, intelectual virginiano, te vas a Egipto para estudiar los últimos manuscritos encontrados en la pirámide de Keops.

Libra comparte viaje con Neptuno, que tiene un sextil ⚹ con Venus en Sagitario. Estos buenos aspectos hacen incrementar tu idealismo y tu sentido de la justicia. Así que tú, altruista libriano, decides irte a India para visitar una ONG..

Escorpio va acompañado de su amigo Marte, que hace un trígono △ con Saturno en Cáncer. Esta combinación calma tus instintos, templa tu fuerza y te hace reflexionar. Así que tú, carismático escorpiano,

decides irte a hacer un curso de Tai-chi en los Picos de Europa.

Sagitario va con Júpiter, que hace una cuadratura □ con Mercurio en Virgo. Este aspecto te provoca un bloqueo energético que te causa estrés, te cambia la idea del lugar al que querías ir, pero no acabas de decidirte. Así que tú, estresado sagitariano, te vas a tres ciudades diferentes, Roma, París y Londres.

Capricornio va con su regente Saturno a cuestas, que tiene a Venus en Cáncer en oposición ✆. Este aspecto te hace sentir que no tienes suficiente dinero, que si te vas de viaje vas a gastar demasiado. Así que tú, ahorrativo capricorniano, mirarás tus ahorros y decidirás irte de *camping* a la montaña más cercana.

Acuario va supercontento con su regente Urano en conjunción ☌ con la Luna. Este aspecto incide en tu libertad, en tus ganas de volar, de innovar, de hacer algo que nunca habías hecho hasta ahora. Y, ¡qué oportunidad!, queda una plaza libre en el primer vuelo hacia Marte. Así que tú, original acuariano, no te lo piensas dos veces y compras el billete.

Piscis va acompañado de su regente Neptuno, que hace un sextil ⚹ con la Luna en Tauro. Se trata de un aspecto benéfico, que te hace sentir pletórico, imaginativo, como transportado por las nubes. Así que tú, romántico pisciano, decides irte a Viena y asistir a todos los conciertos de Strauss.

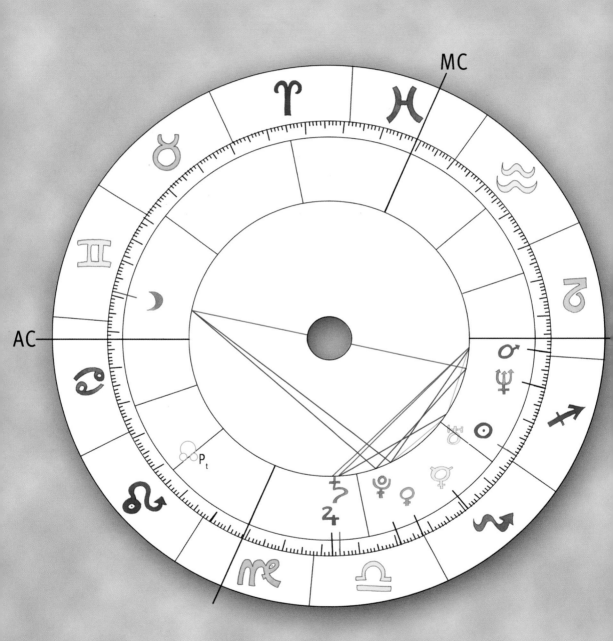

CARTA ASTRAL: PREDICCIÓN E INTERPRETACIÓN

Predicción

La carta natal es básica porque allí está registrado todo nuestro mapa desde el momento de nuestro nacimiento. En ella hay toda la información que nos afecta y los posibles acontecimientos que ocurrirán a lo largo de nuestra vida. Los elementos que integran el horóscopo (planetas y casas) son dinámicos y en su movimiento a través del tiempo activarán las posibilidades que tenemos previstas en nuestra carta natal.

En el capítulo dedicado a los planetas ya hemos visto que cada uno de ellos tiene su propio movimiento por el Zodíaco. Unos son rápidos, como la Luna, el Sol, Mercurio, Venus, Marte y Júpiter. Otros, en cambio, tienen un recorrido mucho más lento, como Saturno, Neptuno, Urano y Plutón.

Una vez ya hemos analizado la carta natal y ya sabemos cuáles son nuestros puntos fuertes y nuestros puntos débiles, ahora nos interesa saber en qué momento de nuestra vida nos encontramos para poder prevenir o reforzar esta etapa del presente.

Hay tres técnicas que son las más utilizadas para ver el momento presente:
- > tránsitos,
- > progresiones, y
- > revolución solar.

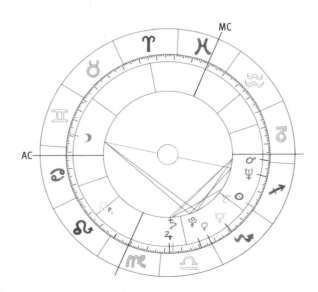

Carta natal del 23.11.1980,
a las 19.30 h en Barcelona

Tránsitos

Es el movimiento de los planetas alrededor de nuestra carta. Algunos planetas realizan un movimiento diario, como la Luna, mientras que otros están varios días en el mismo signo, como Mercurio, Marte y Venus. Algunos se sitúan durante meses en un mismo signo, como Júpiter, mientras que otros pueden estar durante años en un mismo signo, como Saturno que está entre dos y tres años.

La Luna, que recorre todo el horóscopo en un ciclo de unos 28 días aproximadamente, permanece unos dos días y medio en cada signo. Por tanto, los tránsitos de la Luna son rápidos y, a veces, son los que activan un acontecimiento que estaba pendiente de resolver.

Como podéis observar en el gráfico de tránsitos,

los planetas se han movido respecto a la carta natal (gráfico pág. 78).

El Sol (☉) está situado en el signo de Tauro (♉), pues estamos en el mes de abril y Tauro (♉) entró el día 21 de abril y seguirá ahí hasta el 21 de mayo aproximadamente.

La Luna (☽), que como hemos dicho se mueve muy rápidamente, está situada ahora en el signo de Piscis (♓).

Mercurio (☿), Venus (♀), Marte (♂) y Urano (♅) están situados en el signo de Aries (♈).

Júpiter (♃) se halla en el signo de Aries (♈), que entró en junio del 2010 y permanecerá ahí hasta junio del 2011.

Saturno (♄) está situado en el signo de Libra (♎), que entró en este signo a finales de julio del 2010 y seguirá allí hasta octubre del 2012.

Urano (♅) entró en Aries (♈), exactamente el día 13 de marzo, y seguirá en este signo hasta mayo del 2018. Es uno de los planetas denominados lentos.

Plutón (♇) está situado en Capricornio (♑), y entró en este signo en diciembre del 2008 y permanecerá allí hasta enero del 2024. También un planeta de los llamados lentos.

Neptuno (♆) está en Piscis (♓) desde abril del 2011 y permanecerá allí hasta enero del 2026.

Tránsitos para el día 27.04.2011
a las 18.45 h en Barcelona

¿Cómo interpretaríamos estos tránsitos?

Hay muchos detalles que tener en cuenta, pero vamos a proceder a realizar una sencilla interpretación para que entiendas mejor el proceso.

En los capítulos anteriores hemos hablado de los signos y sabemos que Capricornio es un signo estructurado, casi inamovible. También hemos visto cómo afectaba el tipo de energía de los planetas, así Plutón tiene que ver con la transformación, la reforma y el cambio desde lo profundo. También sabemos que tanto los signos como los planetas se hallan situados en una de las casas astrológicas. Si observamos el gráfico vemos que este Plutón en Capricornio está en la casa VI, que está relacionada con el trabajo y la salud.

En nuestro ejemplo, Plutón está situado en el signo de Capricornio, lo que nos está indicando que hay una necesidad de renovar y transformar lo que está estructurado. Como además está en la casa VI, interpretamos que esta renovación profunda se va a dar en las dos áreas que corresponden a esa casa, que son la salud y el trabajo.

En el área laboral habrá que transformar nuestra forma de trabajar. Esto puede ser debido tanto a que en la empresa donde trabajamos instalan un nuevo sistema informático, por ejemplo, o a que cambian de local o nos trasladan de departamento. En cuanto a la salud es posible que tengamos que hacernos un chequeo, que nos digan que hay que hacer dieta o que nosotros mismos sintamos la necesidad de empezar a cuidarnos mejor.

Hasta ahora hemos relacionado planeta, signo y casa astrológica. Nos falta analizar si existe alguna relación con otro planeta para averiguar si vamos a hacer estos cambios con facilidad, con dificultades o directamente vamos a negamos a ellos.

Plutón tiene un aspecto de cuadratura con Saturno. Ya sabemos que las cuadraturas son conflictivas, por lo tanto, deduciremos que estos cambios que Plutón reclama va a intentar impedírselos Saturno, que se va a resistir.

Esto indica que si hay un cambio en lo laboral la persona no estará muy de acuerdo con él y va a oponerse al menos durante un tiempo.

Si el cambio fuese que tiene que aprender algo nuevo, por ejemplo un sistema informático, le va a costar especialmente aplicarlo o entenderlo.

Si se tratase del campo de la salud, la interpretación sería que tiene que cambiar de hábitos, en la dieta por ejemplo, pero que no va a tener la suficiente voluntad y va a poner cierta resistencia.

Este tránsito, Plutón en Capricornio en casa VI y en cuadratura en Saturno, puede provocar que la persona, en su libre elección, decida enfrentarse a sus jefes y no estar de acuerdo con los cambios, y no cuidarse ni cambiar sus hábitos de salud.

El astrólogo evolutivo le diría que, en realidad, lo que le está pidiendo este tránsito es que deje de estar anclado en el pasado (Saturno), que ya está obsoleto, y que se renueve (Plutón). Si la persona es capaz de entenderlo desde esta perspectiva, su resistencia será menor y el cambio será mucho más favorable.

Por lo tanto siempre podemos «elegir» qué actitud tomar ante todo aquello que nos ocurra. Avanzar o quedarnos estancados.

Progresiones

La de las progresiones es una técnica predictiva que se basa en el movimiento de la carta natal de **un día por año vivido.**

En nuestro caso la persona nació en 1980, y como ahora estamos en el 2011, han transcurrido 31 años, que sería en una carta progresada 31 días después de la fecha de nacimiento (1 día por año).

En la parte externa del gráfico se sitúan los planetas, las casas y los signos progresados. Esto da una nueva composición que vamos a interpretar de nuevo.

Recordemos que en la carta natal el Sol estaba situado en Sagitario y en la casa V. Ahora, con la progresión, está en el signo de Capricornio y en la casa VI.

Interpretaríamos que, en este momento, la persona va a poner mucha energía en su trabajo (casa VI), y que querrá mejorar y ocupar un puesto de prestigio (Capricornio). Es obvio que conserva la energía anterior que le dio su Sol en Sagitario en casa V y por ello seguirá siendo una persona creativa y con mucho talento. Si su trabajo estuviera relacionado con el ocio y el turismo, por ejemplo, sería el momento en que querría montar su propia agencia de viajes para aprovechar toda la experiencia acumulada en el pasado.

Carta progresada en fecha 27.04.2011

Revolución solar

En la carta natal que tenemos en la parte inferior vemos que el Sol se halla situado en un signo a un grado, minuto y segundo determinado. En nuestro ejemplo el Sol está situado en Sagitario a 1 grado 40 minutos y 33 segundos.

La técnica de la revolución solar se basa en que cada año el Sol vuelve a ese mismo lugar de emplazamiento, es decir a 1 grado 40 minutos y 33 segundos en un día y una hora concreta. En nuestro ejemplo volvió el 24.11.2010 a las 3.03 horas, Barcelona. Esto nos dará una carta totalmente nueva que se compara con la de nuestro nacimiento y que tendrá una validez de previsión desde ese día (24.11.2010) hasta el siguiente año 24.11.2011.

Se puede realizar una primera lectura con la carta de la revolución solar como si fuese una carta natal y ver en qué signo está el ascendente ese año, así veremos todas las características y uno a uno todos los elementos de la interpretación.

Es especialmente importante ver en qué casa estará situado el Sol en la carta de la revolución solar, pues esa será el área que regirá todo el año. Por ejemplo, un Sol en la casa III indicará que durante ese año todo lo relacionado con los viajes, los papeleos, el entorno, los vecinos, los hermanos y los estudios

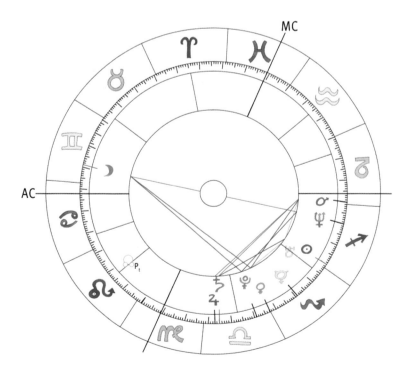

Gráfico de la carta natal 23.11.1980 a las 19.30 h en Barcelona

será lo que más se va a potenciar y lo que más nos va a interesar.

Para seguir con la interpretación se sitúa una carta encima de la otra. Primero, la de la revolución solar encima de la natal, y después a la inversa.

Miramos el ascendente de la revolución solar, ya que además de estar en un signo determinado también se sitúa en una casa de la carta natal. En el ejemplo el signo ascendente es Virgo, por lo cual el trabajo y la salud serán las aéreas que más atención requieren y este ascendente cae en la casa IV de la carta natal, por lo tanto la familia y el hogar también requerirán nuestra atención.

También estudiaremos la relación que existe entre los planetas entre una y otra carta, y en qué casas caerán los planetas natales sobre la revolución solar.

La información que hemos obtenido al analizar los tránsitos en la carta natal se verá favorecida y au-mentada con los datos que nos ofrece la carta de la revolución solar. Veamos el ejemplo del planeta Urano.

En este caso, vemos que Urano en Aries está en tránsito en la carta natal y situado en la casa X, que indica cambios en la vocación. Sin embargo, en la carta de la revolución solar urano está situado en la casa VII, aquí la atención va a tener que ver con los socios y la pareja, si fuese una sociedad laboral es posible que se acabe por no llegar a ningún acuerdo porque la persona quiere cambiar de negocio o de-dicarse a otra profesión.

La carta de la revolución solar se utiliza para matizar las previsiones que indica la carta natal. En este caso, el tránsito de Urano en Aries durará diez años, duran-te los cuales se producirán cambios en las áreas que correspondan a las casas por las que transite. Para saber concretamente cuál de ellos se producirá este año, se mira la carta de la revolución solar.

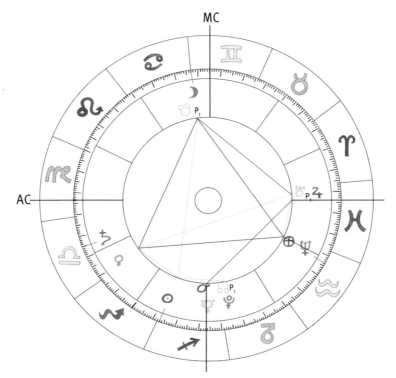

Gráfico de la revolución solar 2010-2011 24.11.2011 a las 3.03h en Barcelona

Interpretación de una carta astral

Este es el gráfico que obtenemos al levantar una carta natal de una persona nacida el 23.11.1980, 20:30 horas en Barcelona. Es muy importante tener la hora de nacimiento lo más exacta posible, ya que en ocasiones solo cinco minutos de variación pueden hacer que el As-

cendente cambie de signo, o que la situación de un planeta cambie de casa, y esto varía la interpretación completamente.

En el Registro Civil están guardadas las partidas de nacimiento de todos nosotros.

Hay dos documentos, el que tienes que pedir se

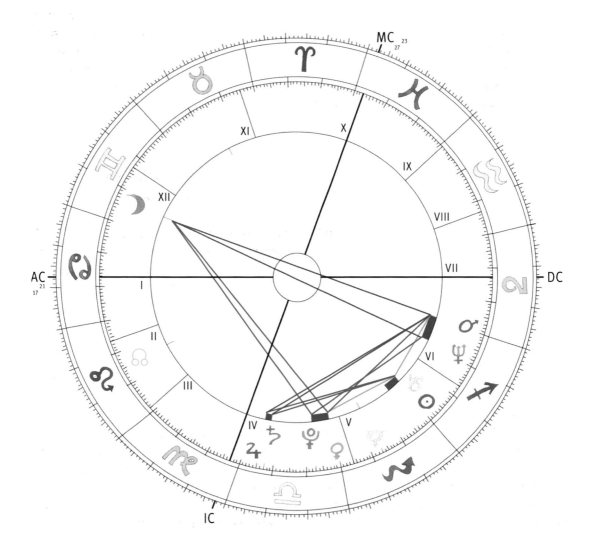

llama «partida literal», que es el que contiene los datos que precisas para levantar tu carta: fecha y lugar de nacimiento, día, mes, año y hora.

En cada capítulo del libro hemos visto uno a uno todos los elementos que componen la carta astral. Ahora utilizaremos lo aprendido para hacer una interpretación sencilla. Conforme vayas adentrándote en este maravilloso mundo astrológico podrás ir completando la interpretación con más y más detalles. Personalmente no sigo un método concreto, sino que danzo a través de la carta porque cada una es única, igual que la persona que define, es su particular mandala. La técnica a la hora de interpretar es importante pero, unida a la creatividad y a la intuición, es lo que te hace ser un buen astrólogo.

Empecemos siguiendo el mismo orden de los elementos que hemos estudiado durante el recorrido del libro.

Cuadriplicidades: elementos

En primer lugar observaremos a qué elemento pertenece la energía que desarrollará la persona, si es elemento fuego, aire, tierra o agua.

En el elemento fuego están situado el Sol y Neptuno en Sagitario = **2**

En el elemento tierra tenemos a Marte en Capricornio = **1**

En el elemento aire tenemos situada a la Luna en el signo de Géminis, y a Venus, Saturno, Júpiter y Plutón en Libra = **5**

En el elemento agua están Urano y Mercurio en Escorpio, el ascendente en Cáncer y el medio cielo en Piscis = **4**

Aire (5) es el elemento que tiene más destacado, lo que indicará una personalidad abierta y comunicativa. Una persona a quien le gusta expresarse y sabe hacerlo bien.

Agua (4) es el siguiente elemento que tiene destacado en la carta, por lo que también podemos decir que es una persona emocional e intuitiva.

El resto de elementos tienen una puntuación mucho más baja: fuego (2) y tierra (1), lo que indica que son energías que tendrá que trabajar para que se equilibren con las anteriores. Para desarrollar la energía de fuego tendrá que expresarse de una manera más espontánea y vivir el momento presente. Para potenciar la energía de tierra, tendrá que ser más práctica y realista.

Triplicidades: energías

Ahora veremos qué tipo de energía (cardinal, fija o mutable) predomina en la carta.

Energía **cardinal**: Venus en Libra, Marte en Capricornio, Júpiter en Libra, Saturno en Libra, Plutón en Libra y el ascendente en Cáncer pertenecen a la energía Cardinal = **6**

Energía **fija**: Mercurio y Urano en Escorpio = **2**

Energía **mutable**: Sol en Sagitario, Luna en Géminis, Neptuno en Sagitario y medio cielo en Piscis = **4**.

La energía cardinal (6) es la que tiene más destacada en su tema natal, lo que indica que es una persona con iniciativa, emprendedora y con muchas ideas.

La energía mutable (4) indicará que es flexible,

adaptable y que aceptará la aportación de los demás.

La energía fija (2) es la que tendrá que desarrollar en este caso, porque le costará llevar a término los objetivos que se proponga. Le falta paciencia, consistencia y perseverancia.

Si tiene que llevar un proyecto a cabo contará con una gran capacidad de liderazgo, creatividad e inspiración. Se llevará bien con todo el equipo y solamente necesitará buscar a otra persona que tenga energía Fija para que vaya concretando el proyecto.

Esto es muy interesante, porque en general siempre tenemos una energía destacada y otra que nos falta. Conociendo este dato de antemano podemos buscar a colaboradores que nos complementen y nos ayuden a realizar nuestros proyectos y convertirlos en éxitos.

Cuadrantes

Vamos a fijarnos ahora en qué cuadrante del horóscopo se distribuyen los planetas.

Júpiter, Saturno, Plutón y Venus están situados en la casa IV; Mercurio, Urano y Sol, en la casa V, y Neptuno y Marte, en la casa VI. Por lo tanto, tiene la mayoría de los planetas situados en el segundo cuadrante.

Esto indica que tendrá una personalidad que tenderá a ser útil a los demás, a quienes complace y atiende. Puede tener un punto de pasividad si siente que no se le necesita.

Tenemos ya una pincelada sobre la personalidad del nativo de la carta que estamos interpretando. Se trata de una persona emocional, comunicadora, con iniciativa, creativa, y que se siente motivada en base a los demás. Tendrá que aprender y experimentar, procurar ser más

realista, más práctica y tener más constancia y paciencia si quiere conseguir los objetivos que se proponga.

Ya hemos visto que siempre se tiene que trabajar y desarrollar aquello que nos falta en la carta para ir encontrando el equilibrio. Ninguna carta es perfecta y en mi opinión personal todos hacemos lo mejor que sabemos y podemos en cada momento. Ahora vamos a seguir pintando el cuadro astrológico y analizaremos los rasgos más importantes que definen a esta persona.

Su imagen externa: el ascendente

El signo ascendente es la personalidad externa, es decir aquello que los demás ven de nosotros, la imagen que daremos. El ascendente está situado en el signo de Cáncer, ya sabemos que Cáncer es un signo de agua, por lo tanto, es emocional, sensible, con gran apego a la familia, tradicional y con un sentido del humor variable según su estado anímico.

El ascendente también es indicativo de nuestro cuerpo físico, y para el signo de Cáncer se corresponde con el estómago y la piel. Por lo tanto, son dos órganos que la persona tiene que tener en cuenta a la hora de cuidarse, y sería recomendable, por ejemplo, que no abusase de los picantes ni de las bebidas alcohólicas (estómago) y no se expusiese al Sol durante largo tiempo (piel).

Como no encontramos ningún otro planeta situado en esta casa I, el Ascendente será del signo puro.

Su misión: el Sol

Sol en Sagitario

Otro de los elementos importantes en la carta natal es nuestro signo solar. En este caso el Sol está en Sagitario, lo que es un indicativo de que le gusta aprender, adquirir conocimientos y viajar.

Sol en casa V

Es la casa natural de Leo, esto significa que la persona expresa todos los rasgos característicos de este signo. Por lo tanto, será creativo, divertido y lúdico. También necesitará apasionarse con una persona (tal vez un extranjero), de un país lejano, o de otra cultura. Le gustará tener *hobbies* y practicar deportes, especialmente la equitación.

La misión de esta persona será ocupar un lugar en el mundo de forma creativa, lúdica, aprendiendo y enseñando a los demás. Se sentirá feliz y completo si desarrolla todo su potencial creativo trabajando la abundancia del dar y el recibir, será todo un maestro en el arte de la vida.

Relaciones del Sol con otros planetas

El Sol tiene relación con tres planetas en esta carta: Júpiter, Saturno y Urano.

El Sol tiene un aspecto de sextil con Júpiter, planeta que indica expansión, abundancia y conocimiento. Tener un aspecto sextil es bueno, con lo que interpretaremos que el Sol tiene facilidades para desarrollar su misión, que está definida por el signo Sagitario, como hemos visto: aprender, adquirir conocimiento, viajar o enseñar.

Con Saturno también tiene un aspecto sextil, buen aspecto, por lo que ayudará al Sol en conseguir su misión. Saturno es el responsable, el que pone las normas, y el hecho de estar en contacto con el Sol propiciará que la persona sea responsable, concisa y quiera alcanzar un cierto estatus.

Con Urano tiene un aspecto de conjunción, que es un aspecto neutro. Aquí se interpreta que le va a dar cualidades uranianas, como el ser original e innovador, pero también un exceso de independencia, por lo que en ocasiones será una persona un poco brusca y con tendencia a cortar las relaciones con los demás. En este caso, como Urano es además imprevisible, ayudará algunas veces al Sol en su misión y otras no.

Sus emociones: la Luna

Luna en Géminis

La Luna está situada en el signo de Géminis, lo que indica que esa persona tiene que comunicarse con los demás para expresar sus emociones, hablar con ellos, decirles todo lo que siente.

También que tendrá una estrecha relación con sus hermanos a lo largo de su vida y estos influenciarán notablemente a la persona.

Luna en casa XII

La Luna se halla situada en la casa XII, casa natural de Piscis, por lo tanto interpretaremos que su lado emocional se dirige hacia la ayuda a los demás.

Habrá que indicarle que como la Luna es muy receptiva e influenciable, al estar en esa casa tendrá que cuidar de reconocer si es su propia emoción la que percibe o es la emoción de otro.

Relaciones de la Luna con otros planetas

La Luna tiene un aspecto de trígono con Venus, que es un buen aspecto, lo que indicará que la persona será cálida, agradable en el trato, atenta con los demás, le gustará relacionarse de una forma armónica, comunicará sus sentimientos con dulzura y simpatía y será popular entre sus allegados.

También tiene un aspecto de oposición con Neptuno, que es un mal aspecto, lo que propiciará la confusión.

Las emociones dependerán del estado de ánimo de la persona, que puede sentirse nostálgica o melancólica, o sentirse abandonada por los demás ya que hay un exceso de sensibilidad.

También podría ser una persona que se siente víctima de lo que le sucede; en este caso, podría transformar este aspecto negativo escuchando música.

Por último, la Luna tiene un aspecto de trígono con Plutón, que es un buen aspecto. La intensidad de las emociones es muy fuerte y las siente muy intensamente, tanto si las vive desde la pasión como si las vive desde el dramatismo, lo que indica que la persona va a tener altibajos emocionales, y va a ir de un extremo a otro. Si está feliz será inmensamente feliz, pero cuando sienta que algo la hiere se sentirá inmensamente desgraciada. A pesar de ello es un buen aspecto, ya que la persona sabrá transformar y liberar todas sus emociones negativas.

Su mente racional: Mercurio

Mercurio en Escorpio

Mercurio se halla situado en el signo de Escorpio, lo que significa que a la persona le gustará indagar e investigar. Realizará sus análisis con una gran profundidad y con una gran capacidad para descubrir todo lo que está oculto. Seguramente le atraerán las ciencias esotéricas, la arqueología, la psicología. Tendrá, además, una percepción muy intuitiva, ya que puede ver el fondo de las personas.

Mercurio en casa V

Mercurio está situado en la casa V, por lo que pondrá mucha energía pensando en su vida amorosa, que será muy intensa. Si tiene hijos se va a preocupar mucho por ellos, especialmente en relación con los estudios. Si elige un deporte puede ser tai-chi o kárate, es decir, la combinación de mente y cuerpo.

Relaciones de Mercurio con otros planetas

Mercurio tiene un trígono hacia el ascendente, que es un buen aspecto y que le confiere inteligencia y don de la palabra. Su imagen ante los demás será la de una persona inquieta, viva e inteligente.

Sus relaciones y su forma de Amar: Venus

Venus en Libra

Venus está en el signo de Libra. Como ya vimos, Venus es el planeta del amor y, en este caso, está muy bien situado, ya que se encuentra en el signo de Libra, su propio signo, lo que es un indicativo de que será un planeta fuerte en su tema. Para este nativo el amor será imprescindible en su vida y estará siempre dispuesto a relacionarse armónicamente, necesitará encontrar una pareja y personas con las que asociarse. Posee un don natural para la creatividad, que puede aplicar en la mejora estética de su imagen personal o de los lugares que habita, por ejemplo, e incluso puede ganarse la vida con profesiones que tengan que ver con su don natural y que le gusten.

Venus en casa IV

Venus está situado en la casa IV, que es la de la familia y el hogar. Aquí interpretaríamos que la persona ha crecido en un ambiente hogareño en el que existe una buena relación entre la familia y en el que se dispone de una buena economía. Cuando esta persona forme su propio hogar le gustará decorarlo con objetos de arte, pinturas, esculturas y muebles, que tengan mucho estilo.

Podría ganarse la vida trabajando en su propio domicilio, o tener un local o una tienda o cualquier otro tipo de empresa propia.

Relaciones de Venus con otros planetas

Venus tiene un sextil con el planeta Marte, un buen aspecto. Estos dos planetas indican que la persona tiene habilidades artísticas y, además, propician que pueda ganarse la vida con ellas. En cuanto a las relaciones, el aspecto Venus sextil Marte indica relaciones sexuales placenteras y satisfactorias.

También tiene un aspecto de conjunción con Plutón. Las energías unidas de estos dos planetas propician que los gustos y placeres de la persona sean radicales, es decir, o le gusta mucho algo o le disgusta profundamente, no tiene término medio. Sentirá el amor como un imperativo en su vida, como un todo o un nada, todo lo va a vivir desde la emoción de la pasión, por lo que puede ser muy celosa y posesiva. Las relaciones amorosas no serán fáciles, pero como Plutón es el regenerador y el renovador, la persona puede, a través del amor, crecer y mejorar día a día.

Su motivación: Marte

Marte en Capricornio

Marte está situado en el signo de Capricornio. Este es un signo de exaltación por lo que ya podemos deducir que es una buenísima situación. La motivación de esta persona será encontrar una profesión que acabe siendo su verdadera vocación y, cuando esto suceda, pondrá toda su energía para ser el mejor. Esta persona será excelente a la hora de organizarse, con gran capacidad para liderar a los demás. Muy emprendedor, combinará la acción y la iniciativa con la experiencia que irá adquiriendo a lo largo de los años. Es ambicio-

so, tenaz y con una gran capacidad de resistencia ante cualquier problema.

Marte en casa VI

Marte está situado en la casa VI. Esta posición indica que la persona sentirá la necesidad de hacer algo importante y sentirse reconocido en su entorno laboral. Le gustará tener un puesto de importancia, ya que es líder y le gusta mandar. Es habilidoso y rápido en todo lo que hace.

En el campo de la salud, cuando se siente cansado físicamente tiende a debilitarse muy rápidamente, así que tiene que darse tiempo para recuperarse, si es posible diariamente. Tiene tendencia a tener fiebre alta y dolores de cabeza, y pueden ser habituales los golpes y las caídas.

Relaciones de Marte con otros planetas

Marte está en cuadratura con Júpiter, mal aspecto. Esta persona tiene muchos conocimientos pero le cuesta expresarlos, se dispersa y habla precipitadamente. Intenta imponer sus opiniones y creencias a la fuerza, siendo intolerante. Sólo prevalecen sus juicios, la única razón que conoce es la suya.

Marte hace cuadratura con Saturno, mal aspecto. Cuando quiere algo o lo consigue de inmediato o le deja de interesar totalmente. Le va a costar mucho esfuerzo triunfar. Su motivación pasa de la pasión a la apatía con la misma intensidad. Su vitalidad no es muy buena, tiene en general un tono vital bajo

Sus creencias: Júpiter

Júpiter en Libra

Júpiter esta situado en el signo de Libra, lo que es un indicativo de que esta persona tiene una filosofía de vida que la hace ser adaptable a otras culturas y que le gustan las relaciones lo más armónicas posibles. También que tiene más de una habilidad creativa, porque Júpiter siempre indica entre tres y cuatro intereses distintos. Su sentido de la justicia la hace ser muy ecuánime, con buenos juicios y buenas decisiones.

Júpiter en casa IV

Júpiter está en la casa IV, que es la de la familia, indica que el nativo ha sido influenciado con las creencias familiares, por ejemplo las culturales y que luego él mismo las pasará a sus familiares. También, en este aspecto, puede haber tenido influencias de otras culturas provenientes de otros países, a las que ha accedido a través de los familiares que viven en el extranjero. La persona ha sabido integrar esas creencias y adoptarlas como propias. Todo ello le ha repercutido de un modo positivo, pues ha ampliado sus conocimientos y le ha enriquecido culturalmente. Su hogar estará decorado con todos los objetos que trae de sus viajes y, además, será el centro de reunión donde compartir experiencias con personas de otros países. Cuando viaja se siente como en casa.

Relaciones de Júpiter con otros planetas

Júpiter tiene un aspecto de cuadratura con Marte. Es un mal aspecto que indica que cuando esta persona cree en algo intenta que los demás piensen igual que ella y, si no lo hacen, intentará imponer sus creencias a la fuerza, ya que está convencida de que ella está en lo correcto y son los demás quienes están equivocados.

Posee muchos conocimientos y se siente muy motivada, pero no sabe encauzarlo en la dirección adecuada y cambia de rumbo a menudo, lo que le hace perder fuerza y no conseguir lo que se propone.

Júpiter tiene una cuadratura con Saturno, que es también un mal aspecto.

El exceso de ambición por un lado, y el pensar que no sabe nada por el otro, por muchos conocimientos que tenga, le crean un conflicto que le hará seguir estudiando toda la vida.

Esto sería muy positivo si no sintiese una insatisfacción permanente por no llegar al lugar que ambiciona.

Sus limitaciones: Saturno

Saturno en Libra

Saturno está situado en el signo de Libra, así que aquí la limitación se encontrará en el campo de las relaciones y la pareja. Este nativo puede sentir a su pareja como una carga o como un exceso de responsabilidad, ya que es de los que quiere tener una pareja para toda la vida y con todas las consecuencias que conlleva esta decisión.

Es posible que se case mayor, ya que le puede costar encontrar a la persona adecuada. Es algo frío en las relaciones y le cuesta mostrar sus emociones. Tiene un sentido de la justicia muy correcto y será una persona recta y honesta.

Saturno en casa IV

Al estar situado Saturno en la casa IV, indica que esta persona ha tenido ciertas responsabilidades familiares durante la infancia que la han hecho madurar a temprana edad.

Seguramente con una tradición familiar impuesta con cierta severidad y un exceso de normas que había que cumplir, lo que no ha dejado al nativo escoger ninguna otra opción. Le costará marcharse del hogar paterno y, cuando lo haga, seguirá de alguna manera responsabilizándose de su familia de origen.

Relaciones de Saturno con otros planetas

Saturno tiene un aspecto de cuadratura con Marte, mal aspecto.

Esto es un indicativo de que cada vez que quiere ser independiente o hacer su propia vida hay alguna responsabilidad que se lo impide. Finalmente lo hace mucho más tarde o ya ni siquiera lo intenta por haber perdido ímpetu o entusiasmo en aquello que anhelaba anteriormente.

Saturno está en conjunción con Júpiter, buen aspecto. La persona tiene un gran sentido de la justicia y es ecuánime, recta, y correcta.

Es un maestro del conocimiento, ya que se ha preocupado mucho de su educación, la cual va a seguir formando parte de su vida independientemente de la edad que tenga.

Saturno tiene un aspecto sextil con el Sol, buen aspecto. Se tomará la vida muy en serio, será ordenado y práctico y cumplirá todas sus obligaciones. La disciplina será para este nativo una forma de vida.

Su espiritualidad: Neptuno

Neptuno en Sagitario

Neptuno está situado en el signo de Sagitario, lo que significa que este nativo va a sentir una llamada del espíritu y es posible que quiera estudiar y profundizar en más de una religión a la vez. Viajará alrededor del mundo buscando gurús o personas que sienta como maestros, algunas veces serán falsos maestros. Con el tiempo esta misma persona puede llegar a ser famosa impartiendo las enseñanzas que ha ido aprendiendo a lo largo de su vida. No siempre se tiene la posibilidad de viajar, sin embargo este nativo no dejará de desarrollar su espiritualidad, practicando meditación, leyendo libros, formándose con gurús que vienen a su país.

Neptuno en casa VI

El hecho de que Neptuno esté situado en la casa VI, indica que la persona buscará un trabajo en el que pueda hacer algo por la humanidad. Al principio no le va a resultar fácil y puede deambular de un trabajo a otro, de un oficio a otro. La profesión ideal sería aquella que le permitiese ayudar en causas humanitarias, especialmente relacionadas con los inmigrantes (por su posición en Sagitario), como enfermero, asistente social o médico. Su empatía, el saber ponerse en la piel de los demás, y su compasión son algunos de sus dones.

Relaciones de Neptuno con otros planetas

Neptuno tiene una oposición con la Luna. Este es un mal aspecto, e indica que a la persona le cuesta poner límites entre sus necesidades y las de los demás. El nativo se sacrificará por los demás y nunca sabrá decir no. Tiene la intuición muy desarrollada, pero en algunas ocasiones le confunde más que le ayuda.

Neptuno tiene un Sextil con Plutón, buen aspecto. La persona no vivirá una espiritualidad desde lo banal o superficial, sino que será íntegra. Día a día irá desarrollándose y adquiriendo más conocimientos, dejando atrás falsos gurús o falsas creencias que no le llevaban a ninguna parte.

Su libertad: Urano

Urano en Escorpio

Urano está situado en el signo de Escorpio, la libertad de esta persona se dará en el tema emocional. No querrá comprometerse, sin embargo, sí que va a controlar a la persona que ame ya que sus emociones son muy intensas, pudiendo llegar a ser posesivo y celoso. También puede sentir necesidad de ser libre en el terreno de la sexualidad, buscando relaciones con personas que sean diferentes y originales.

Urano en casa V

Urano está situado en la casa V, lo que aquí indica que sus relaciones amorosas empiezan y acaban con la misma rapidez porque siente miedo al compromiso, no quiere sentirse atado. Puede tener un hijo no buscado, quedarse embarazada si es mujer de forma inesperada. Los amores de este nativo serán personas muy distintas a él, tal vez de otra raza, otra religión u otra cultura, y tendrán rasgos que les distinguirán del resto de los mortales. Cuando realice una obra o creación será totalmente inédita, original e innovadora.

Relaciones de Urano con otros planetas

Urano está en conjunción con el Sol, un aspecto neutro. Siente la libertad como algo imprescindible en su vida, lo cual le puede llevar a no querer comprometerse ni responsabilizarse. Quiere destacar de los demás y le dará igual cómo hacerlo. Si lo considera necesario romperá con todas las normas establecidas, por lo que puede llevar una vida errante y sin control. Será una persona brillante, con una visión futurista que le haga llevar a cabo alguna obra de carácter excepcional.

Su transformación: Plutón

Plutón en Libra

El planeta Plutón se haya situado en el signo de Libra, por lo tanto, la transformación se dará a través de la pareja y de todas las relaciones de tú a tú. Esta persona es, además, conocedora de los secretos de los demás, ya que su poderosa intuición le hace llegar al fondo de las personas de una forma totalmente innata. La justicia es importante para este nativo e intentará que se imparta allí donde vaya. Si es necesario, modificará y cambiará las leyes para que sean justas y se adapten a cada situación en particular.

Plutón en casa VI

Plutón está situado en la casa VI, por lo que la transformación se realiza en las áreas del trabajo y la salud. Durante toda su vida, y trabaje donde trabaje, será la persona que viene a propiciar los cambios en las empresas, o bien justo entrará en una empresa en el momento en que esta esté realizando cambios. En ocasiones, esta necesidad individual puede asustar o molestar al resto de personas, ya que no a todo el mundo le gusta cambiar y muchos prefieren seguir como estan.

En el campo de la salud indica que el cuerpo no permite ni el más mínimo exceso, como tomarse cuatro copas, y responde inmediatamente con síntomas molestos (vómitos, dolor de cabeza...) hasta reajustarse de nuevo.

Relaciones de Plutón con otros planetas

Plutón tiene un aspecto de sextil con Neptuno, buen aspecto. Esto indica un alto grado de conciencia del individuo, que es capaz de transformar y ayudar a los demás.

Plutón hace un trígono con la Luna, buen aspecto. El nativo va a tener una enorme fuerza emocional que le hará recuperarse de cualquier problema que encuentre en su camino. Posee un alto nivel de intuición que le ayudará a escoger lo más apropiado para él y lo transformará en la medida que lo necesite.

Plutón está en conjunción con Venus. Se trata de un aspecto neutro, así que la capacidad de transformar se realiza en base a todo aquello que el nativo ama. En este caso, necesita un trabajo que le apasione para que se identifique con él y pueda dar todo de sí. Si el trabajo que tiene no le gusta acabará odiándolo y tendrá malas relaciones con los jefes, los empleados o los compañeros, y a su vez estos con él.

Esta sería una breve interpretación de una carta astral en base a los conocimientos que has adqui-

rido leyendo este libro. Conforme te vayas adentrando en el conocimiento astrológico podrás sacar mucho más partido de esta misma carta astral.

Por ejemplo, algunos de los planetas representan también una figura importante en tu vida, así, el Sol es el padre; la Luna, la madre; Mercurio, los hermanos, y Venus, la pareja. Si eres un hombre Venus indicará el tipo de mujer que te gusta, y si eres una mujer será Marte el encargado de hacerlo. Por otro lado, hay casas astrológicas que no contienen ningún planeta en su interior, pero todas ellas tienen un regente planetario en otra casa, que también se puede interpretar. Cuando conozcas cómo analizar estos factores y otros muchos podrás ir enriqueciendo la interpretación.

Como mi misión es la transformación de las personas interpretando el lenguaje de los símbolos planetarios y, guiándoles por el mapa de su vida (la carta natal), espero que esta misión se haya cumplido al mostrarte todas las posibilidades que tienes para reconocerte, aceptarte y transformarte, y para finalmente trascender y llevar una vida feliz y abundante.

Final de trayecto

Me gustaría que este viaje que hemos hecho juntos te haya servido para entender que somos seres humanos únicos y diferentes y como tales debemos tratarnos, cuidarnos y transformarnos sin responsabilizar a nada ni a nadie de cómo nos va la vida. Ni tan siquiera a la astrología determinista, que es la que nos dice: «¡qué vas a hacer si tienes un planeta mal aspectado!» Lejos de esta visión catastrofista está el creer que la información que nos brinda la astrología, desde nuestro

nacimiento hasta el final de nuestros días, es totalmente válida e imprescindible para comprender lo que nos ocurre a nosotros y a los demás, para potenciar nuestros talentos y para servirnos de guía para vivir cada día mejor. La astrología nos ofrece comprensión sobre nuestro pasado, presente y futuro, y nos ayuda a prepararnos de modo positivo para los cambios, que ahora mismo son muy rápidos.

Durante los veinticinco años en los que he guiado a personas interpretando sus cartas he visto el cambio que se produce en la mayoría cuando descubren su vocación latente, porque es evidente que si se hace algo con amor y pasión cuesta menos y además provoca que uno se sienta mejor, más realizado. No importa la edad que tengas, descubre a través de tu carta aquello para lo que tienes un talento natural y dedícate a ello, aunque sea a tiempo parcial. Verás cómo te cambia la vida.

En mis consultas hablamos de las aspiraciones, de cómo llevar mejor las relaciones y de todo lo que necesita saber la persona, incluidos los hijos si los tiene. Un padre después de hacerse su propia carta pidió la de sus hijos y me dijo por *e-mail*: «Para mí es importante tener las cartas de mis hijos, ya que me permiten conocerlos mejor, saber cuáles son sus necesidades, el porqué de sus reacciones... y así poder ayudarles a ser más felices y orientarles en su camino por la vida. Muchas veces tratamos de que sean como, y lo que, a nosotros nos gustaría, pero no es lo que realmente ellos quieren o necesitan para su desarrollo». Esta es la clave, también para ti.

Pero no solo eso. También hablamos sobre todo aquello que nos daña, porque es bueno aprender a reconocerlo para procurar estar en ese sentimiento o situación el menor tiempo posible. Yo lo llamo «los cinco minutos», tiempo más que suficiente para que estés ahí: siente tu dolor, reconócelo y luego suéltalo, déjalo ir, y pon tu energía en otra parte tuya mucho más agradable y creativa. Tenemos que comprender que los personajes que se cruzan en nuestra vida –los que estuvieron, los que están ahora y los que vendrán en el futuro– son vitales para nuestro desarrollo, tanto si la relación es gratificante como conflictiva. Todos ellos nos aportan algo y debemos estar agradecidos por ello.

El trayecto que hemos hecho juntos acaba aquí, pero tu viaje continúa. Ahora cuentas con nuevos elementos en tu maleta, con herramientas para afrontar los baches que encuentres y disfrutar las cimas que alcances. Sabes, además, que puedes dejar a un lado del camino todo aquello que no te sirva y escoger lo que te sea más útil para cada etapa de tu viaje. Experimenta, investiga y sigue creciendo con la ayuda de la astrología. Verás que a través del conocimiento astrológico este crecimiento es único, individual: no hay nadie más como tú. Así que aprovecha todos tus talentos y piensa que no importa si eres el número uno o el último, la cuestión es disfrutar.

En India dicen que hace falta una vida para aprender astrología y otra vida para aplicarla. El viaje es largo, como ves, pero esta primera etapa que hemos recorrido juntos espero que te haya servido para aprender qué es una carta, qué significa y cómo puede ayudarte en tu vida. Y que la interpretación astrológica puede ser muy divertida cuando se aplica para conocernos mejor y conocer a los demás.

¡Feliz viaje!

Pilar García Gil

Agradecimientos

Quiero agradecer a mi particular comité editorial, Marga Soler, Daniela Violí y Jordi March el apoyo brindado durante todo el proceso del libro. Mi más sincero amor para todos los seres que he conocido, conozco y conoceré por acompañarme en el camino de la vida, y para Sai y Carlitos por ser mis pequeños seres de luz.

> **Jordi March Garcia**
http://www.photostudy-cm.com/
fotojmarch@gmail.com
Tel.: 686 326 656

> **Genís Sinca**
Periodista y escritor
Visítale en Facebook y en http://vidasecretade-nuestrosmedicos.blogspot.com

> **D a N i E L a V i O l i**
http://elefectomariposaamarilla.blogspot.com
IlusTraCioneS * LiBros inFantiLes * CuENtos & aRtícULos dE GéNerO

© de la edición en castellano, 2011:
Editorial Hispano Europea, S. A.
Primer de Maig, 21 – Pol. Ind. Gran Via Sud
08908 L'Hospitalet – Barcelona, España
E-mail: hispanoeuropea@hispanoeuropea.com
Web: www.hispanoeuropea.com

©Fotografía: Jordi March García
http://www.jordimarchgarcia.blogspot.com/

© Ilustraciones: Daniela Violi,
http://elefectomariposaamarilla.blogspot.com

Depósito Legal: B. 34.599-2011

ISBN: 978-84-255-2014-3

Consulte nuestra web:
www.hispanoeuropea.com

Impreso en España
Limpergraf, S. L.
Mogoda, 29-31 (Pol. Ind. Can Salvatella)
08210 Barberà del Vallès